O que todo
MÉDICO
deve saber sobre
IMPOSTOS, TAXAS e CONTRIBUIÇÕES

3ª edição revista e atualizada

2014

Blucher

O que todo
MÉDICO
deve saber sobre
IMPOSTOS,
TAXAS
e
CONTRIBUIÇÕES

3ª edição revista e atualizada

Fábio K. Ejchel

O que todo médico deve saber sobre impostos, taxas e contribuições
© 2014   Fábio K. Ejchel
Editora Edgard Blücher Ltda.

Blucher

Rua Pedroso Alvarenga, 1245, 4º andar
04531-012 – São Paulo – SP – Brasil
Tel.: 55 11 3078-5366
contato@blucher.com.br
www.blucher.com.br

Segundo o Novo Acordo Ortográfico, conforme
5. ed. do *Vocabulário Ortográfico da Língua
Portuguesa*, Academia Brasileira de Letras,
março de 2009.

É proibida a reprodução total ou parcial por
quaisquer meios, sem autorização escrita da
Editora.

Todos os direitos reservados pela Editora Edgard
Blucher Ltda.

Ficha Catalográfica

Ejchel, Fábio K. (Fábio Kirzner)
   O que todo médico deve saber sobre
impostos, taxas e contribuições / Fábio K. Ejchel.
– 3. ed. – São Paulo: Blucher, 2014.

   3ª edição revista e atualizada
   ISBN 978-85-212-0877-8

   1. Pessoa jurídica – Impostos – Brasil 2. Pessoal
da área médica – Impostos 3. Imposto de renda –
Brasil I. Título

14-0726   CDD 336.24170981

Índices para catálogo sistemático:
1. Pessoa jurídica – Impostos – Brasil

Agradecimentos

A *Celso Giannasi*,
José Guilherme Antunes de Vasconcelos e *Alencar Burti*,
pela coautoria e participação na obra,

Ao amigo *Eduardo Blücher*, grande idealizador
e incentivador deste livro,

À minha mãe, *Miriam*, e aos meus irmãos,
Renato e *Silvio*, por todo o apoio,

E, principalmente, às grandes paixões e razões
da minha vida: minha esposa, *Adriana*, e meus filhos,
Gabriela, *Fernando* e *Eduardo*, sem os quais
nada teria o menor sentido.

Ao meu pai, *Henri Ejchel (in memoriam)*.

Conhecimento como diferencial

Nas últimas cinco décadas, acompanhamos e buscamos incorporar em nosso dia a dia as dinâmicas e vertiginosas mudanças que aconteceram (e acontecem) em nossa sociedade, resultado dos cada vez mais altos índices de interconectividade, acesso a informações e à inovação.

Integrar-se a essas pequenas "revoluções", que têm ocorrido nos mais diversos campos do conhecimento humano, é, portanto, condição *sine qua non* para os que pretendem lograr sucesso, seja na vida pessoal, seja profissional.

No Sebrae-SP acompanhamos de perto essas transformações, e uma que nos chama bastante a atenção é o aumento expressivo de profissionais liberais que escolheram o caminho do livre empreender como forma de autorrealização.

Acompanham essa decisão uma série de dúvidas a respeito de como tornar o empreendimento viável, inovador, competitivo, e de como se tornar um empresário de sucesso. Essas são algumas das questões que ouvimos diariamente em nossas centrais de atendimento.

Não existe receita mágica, e sim processos. E a busca incessante pelo conhecimento é um ingrediente vital para se construir uma trajetória realmente de alto impacto, diferenciada.

Nesse sentido, a presente publicação é uma ferramenta extremamente eficaz, pois fornece, de forma simples sem ser simplista, o caminho a trilhar para fazer a gestão tributária de seu empreendimento.

Muitos podem achar que esse tema é da responsabilidade do profissional que cuida da parte administrativa da empresa. Suposição equivocada, pois o empresário de sucesso é aquele que tem conhecimento e controle dos detalhes de todas as áreas de gestão: administração, finanças, marketing, RH, entre outras. Estudos do Sebrae-SP sobre as principais causas da mortalidade empresarial apontam as falhas na gestão como o motivo que leva quase 30% dos empreendimentos a encerrar atividades no primeiro ano.

> ... o empresário de sucesso é aquele que tem conhecimento e controle dos detalhes de todas as áreas de gestão ...

Não é uma tarefa fácil, em especial em um país em que temos a ação de um vírus poderoso e veloz que se espalha nos tecidos sadios da iniciativa privada, alimentado pelos excessos de burocracia e tributos. Nosso cipoal burocrático abriga mais de 55 mil artigos e parágrafos em 300 normas legais, uma carga tributária que consome quase 40% do PIB e uma das taxas de juros mais elevadas do mundo. Ou seja, existem inúmeros canais para a contaminação, que levam cada vez mais empresas a engrossar os índices de mortalidade empresarial.

Em 2006, os donos de pequenos negócios ganharam um agente inibidor da proliferação desse vírus: o Estatuto da Micro e Pequena Empresa, mais conhecida como Lei Geral da Pequena Empresa, que dedica um capítulo especial ao tratamento diferenciado na questão tributária, via Simples Nacional.

Em 15 anos, esse mecanismo já passou por vários aprimoramentos, sendo o último neste ano de 2014, com a ampliação das atividades que podem optar por esse sistema unificado, simplificado e desonerado de tributos, como bem mostra esta edição revista e atualizada.

Temos plena convicção de que, ao final da leitura deste livro, você estará com seu GPS Empreendedor muito mais bem calibrado para trilhar o caminho do sucesso – seu e de seu empreendimento.

Alencar Burti

Presidente do Conselho Deliberativo do Sebrae-SP

Prefácio

> *Não existe Estado sem que a imposição tributária esteja no centro das principais obrigações do cidadão.*

Temas atinentes à educação fiscal ou tributária deveriam fazer parte de uma disciplina que tanta falta faz nas escolas brasileiras, do ensino fundamental ao universitário: cidadania. Não existe Estado sem que a imposição tributária esteja no centro das principais obrigações do cidadão, e conhecer um tema que é a base de sustentação da cidadania e dos direitos mais elementares da população de um país é dever de todos. Países bem desenvolvidos apresentam alto índice de consciência fiscal, e isso se reflete em ações que trazem maior estabilidade para a vida em sociedade. Se há algo certo na vida humana é que a tributação é eterna. A complexidade da função dos tributos, tanto no viés financeiro como no econômico, deve ser compreendida pelos profissionais de todas as áreas e estará, certamente, presente no cotidiano de todos nós durante toda a vida. O primeiro passo é conhecer as imposições mais próximas do contribuinte.

Conheço Fábio desde a década de 1990 – costumo dizer, desde o século passado –, e uma habilidade inata que o caracteriza é a facilidade com que transforma assuntos complexos em temas simples. A impressão que tenho é de que ele gosta de enfrentar o cipoal de regras que se apresentam para uma determinada matéria e reduzi-lo a uma fórmula descomplicada. Esses desafios o fascinam, pois Fábio possui lógica aguçada e os enfrenta com tranquilidade. Sim, a vida parece mais fácil quando pedimos uma opinião a ele.

Estamos vivendo em um mundo onde a informação é abundante, não apenas nos modernos meios de comunicação, como a internet, mas também nas prateleiras das livrarias. Isso tudo traz certa agonia e ansiedade para quem procura informar-se sobre determinado assunto ou para quem gosta de ler, mas não quer ocupar seu tempo com leituras longas, não objetivas. Quem é que nunca entrou em uma livraria, virtual ou física, buscando um único livro e saiu com vários? Depois, eles ficam ali, esperando a leitura, que demora para acontecer, se é que um dia acontece. Se o assunto é técnico, uma alternativa pragmática é a busca de um guia ou manual específico, com foco nas respostas às questões que mais afligem o interessado. Algo que traga uma linha coerente, de fácil compreensão, em linguagem direta. Quando leio os textos de Fábio, tenho a sensação de que ele se preocupa em não cansar o leitor, mas trazer a ele o que, de fato, procura.

José Guilherme Antunes de Vasconcelos
Superintendente da Receita Federal do Brasil no
Estado de São Paulo

Conteúdo

Introdução *1*

Capítulo 1 Pessoa física *versus* pessoa jurídica *5*

Capítulo 2 Pessoa física *11*

A retenção na fonte *12*

Carnê-leão e Imposto Complementar (mensalão) *24*

A Declaração de Ajuste Anual *32*

A Declaração Simplificada *33*

A Declaração Completa *36*

A Declaração Completa *versus* a Declaração Simplificada *42*

Capítulo 3 Pessoa jurídica *45*

Abrindo uma empresa *51*

Lucro Presumido *52*

A retenção na fonte *52*

A apuração e o recolhimento trimestrais *53*

A Contribuição Social sobre o Lucro Líquido (CSLL) *58*

A Contribuição para o Financiamento
da Seguridade Social (Cofins) *60*

O Programa de Integração
Social (PIS) *62*

A Declaração Integrada de Informações
Econômico-Fiscais da Pessoa Jurídica
(DIPJ) e a Declaração de Débitos e
Créditos Tributários Federais (DCTF) *64*

A distribuição de lucros aos sócios *65*

Capítulo 4 A Contribuição Previdenciária ao INSS *69*

Capítulo 5 O Imposto Sobre Serviços (ISS) e outras
taxas municipais *75*

Capítulo 6 O Simples Nacional *77*

Capítulo 7 Simples Nacional ou Lucro Presumido? *81*

Capítulo 8 Vale a pena abrir uma empresa? *85*

Apêndices

I Informações complementares
para a declaração de IR *91*

II O lucro real das pessoas jurídicas *97*

III A tributação do Imposto Sobre Serviços
de Qualquer Natureza (ISS) sobre
serviços prestados por médicos
no Município de São Paulo *103*

IV Perguntas e respostas *115*

Introdução

Anatomia Geral, Neurofisiologia, Farmacologia, Biologia Nuclear, Impostos, Taxas e Contribuições... Impostos, Taxas e Contribuições? O que essa disciplina está fazendo no currículo do curso de Medicina?

A situação narrada é fictícia, mas não seria má idéia introduzir o tema "Impostos, Taxas e Contribuições" na formação básica de todos os médicos, já que boa parte do que eles recebem por consultas, cirurgias e procedimentos se converte, no final das contas, em tributos pagos às três esferas de governo (federal, estadual e/ou municipal).

O pagamento de tributos ocorre, em algum nível, em qualquer lugar do mundo, e atinge, de alguma forma, todas as pessoas. Porém, em um país como o Brasil, que tem uma das cargas tributárias mais elevadas do planeta, a preocupação com o tema tende a ser maior.

E essa preocupação efetivamente se justifica. Temos, no país, mais de 90 tributos, entre impostos, taxas, contribuições de melhoria, contribuições parafiscais e especiais, incluindo as contribuições previdenciárias, sociais e para os órgãos reguladores de atividades profissionais. Dentre todas essas fontes de recursos, os impostos são responsáveis pela maior parte da receita do governo.

Temos, no país, mais de 90 tributos, entre impostos, taxas e contribuições.

Vários dos impostos são indiretos, ou seja, estão embutidos nos preços de produtos e serviços adquiridos por toda a população. Sobre esses, pouco podemos fazer além de deixar de consumir os produtos e serviços que abrigam uma porcentagem maior de impostos. Outros, contudo, são impostos diretos, que incidem sobre a renda ou patrimônio das pessoas, e sobre os quais temos algum tipo de controle.

Por que dois profissionais da mesma área que ganham exatamente a mesma quantia durante um mês de trabalho podem pagar impostos diferentes? Quais são os aspectos de minha vida pessoal que interferem nos cálculos para pagamento de Imposto de Renda? Vale a pena abrir uma empresa ou é mais vantajoso trabalhar como autônomo?

Dúvidas como essas estão presentes no cotidiano de todos nós e, para começarem a ser solucionadas, dependem de um prévio conhecimento dos aspectos tributários básicos envolvidos em cada uma delas.

> *Em seu dia a dia, profissionais da saúde se deparam com termos estranhos à sua área de atuação.*

Em seu dia a dia, profissionais da saúde se deparam com termos estranhos à sua área de atuação. Declaração Simplificada, Declaração Completa, Carnê-leão, Livro-Caixa, Lucro Presumido, Simples Nacional. Por menos que se queira, um mínimo de intimidade com tais assuntos é necessário, já que é impossível fugir totalmente deles.

O conhecimento e a correta aplicação da legislação fiscal básica podem evitar problemas para os profissionais, e representar importante economia em suas contas, deixando-os, inclusive, menos dependentes de consultores externos.

Não é intenção deste livro oferecer um manual do tipo "faça você mesmo sua declaração de Imposto de Renda". Tampouco apresentar um arsenal legislativo para leigos na área jurídica. O que ele propõe é sintetizar as possibilidades de trabalho de um médico e analisar como pagar corretamente os tributos, de acordo com as exigências legais de cada uma delas, com a adoção da melhor estratégia para cada caso. Isso não elimina a necessidade de um contador, mas dá subsídios para compreendê-lo ou até mesmo direcioná-lo.

Salientamos, ainda, o fato de que este trabalho está totalmente embasado na legislação brasileira vigente[1]. E que, mesmo no caso de mudanças, que ocorrem com certa frequência, ele não perde a validade, pois está atrelado ao conceito amplo de funcionamento da legislação referente ao pagamento de impostos, taxas e contribuições. Por isso, também os exemplos podem ser aplicados, independentemente do estado ou do município onde se encontra o contribuinte[2].

Destacamos, finalmente, que a presente obra se aplica igualmente a dentistas, veterinários, biomédicos e outros profissionais da área da saúde, e que as opiniões nela contidas são exclusivamente de seu autor, não representando, necessariamente, o posicionamento oficial da Receita Federal do Brasil.

A matéria realmente é árdua, extensa e mutante. Pretendemos, porém, que, com a leitura deste livro, cada profissional possa ter, por meio de uma linguagem simples e objetiva, uma visão geral de como organizar sua vida fiscal, com uma boa noção do que deve e do que não deve pagar em termos de impostos, taxas e contribuições.

...a presente obra se aplica igualmente a dentistas, veterinários, biomédicos e outros profissionais da área da saúde.

[1] Foram consideradas as alterações na legislação publicadas até o mês de agosto de 2014.

[2] Vale lembrar que os tributos ocorrem nas três esferas de governos, sendo que os federais recaem sobre todo o país e os estaduais e municipais sofrem variações de um local para outro, pois cada ente tributante tem autonomia para cobrar e administrar o que lhe compete.

Capítulo 1

Pessoa física *versus* pessoa jurídica

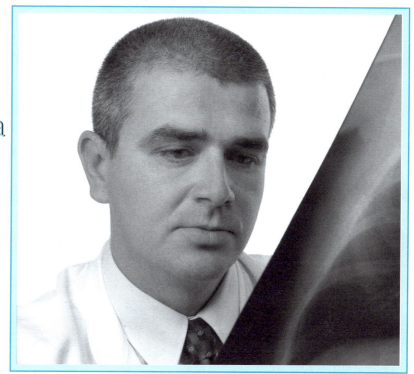

Manhã de quarta-feira, 7 de janeiro de 2015. Dr. Bento inicia mais um dia de trabalho em seu consultório. O primeiro paciente acaba de ser atendido e efetua o pagamento da consulta à secretária, dona Iolanda. Enquanto o médico chama o próximo paciente, ela emite um recibo no valor do cheque recebido. Esse cheque, juntamente com os demais, será depositado no banco, ao final do expediente.

A situação narrada é corriqueira, e terá consequências tributárias, ou seja, desencadeará pagamentos de tributos e, eventualmente, a análise do Fisco.[3] Por isso, cada aspecto que a cerca deve ser compreendido e executado da melhor forma possível.

Para nosso estudo, é muito importante verificar se o recibo emitido será da pessoa física do médico ou de uma empresa anteriormente constituída por ele, e se o cheque, recebido como pagamento da consulta, será depositado em conta-corrente da pessoa física ou em conta-corrente da pessoa jurídica. Essas simples decisões administrativas, na verdade, dependem de uma conjuntura profissional que leva um médico a se posicionar perante o mercado e os governos como pessoa física ou como pessoa jurídica.

Em primeiro lugar, devemos frisar que todo rendimento auferido no exercício de uma profissão deve ser declarado e oferecido à tributação. Essa declaração e esse oferecimento podem ser feitos em nome da pessoa física do contribuinte ou por meio de uma pessoa jurídica constituída por ele.

Existem situações em que não há dúvidas. Dois ou mais médicos se associam para abrir um hospital, uma clínica de especialidades ou um laboratório, por exemplo. Eles constituirão uma sociedade – ente distinto das pessoas físicas dos sócios –, que terá uma vida contábil e fiscal específica. As receitas do hospital ou do laboratório estarão declaradas e tributadas na "pessoa jurídica".

Em outro extremo, temos o profissional que possui apenas um emprego em hospital público ou privado e recebe

> *... todo rendimento auferido no exercício de uma profissão deve ser declarado e oferecido à tributação.*

[3] Fisco é o conjunto dos órgãos da administração pública encarregados da arrecadação e da fiscalização dos contribuintes.

> *O rendimento é de uma "pessoa física" contratada.*

salário mensal. Nesse caso, não há necessidade de constituir uma empresa para prestar serviços, pois ela não teria faturamento. O rendimento é de uma "pessoa física" contratada.

Mas a situação na qual se encontra a maioria dos profissionais da área de saúde – e os que estão entrando no mercado precisam estar preparados para enfrentá-la – não é tão bem definida. Muitos médicos atendem em consultórios e clínicas particulares próprias e ainda possuem um emprego, além de estarem coligados a diversas redes de convênios, planos e seguros pró-saúde. Essa flexibilidade faz com que tenham rendimentos oriundos de várias fontes, o que pode causar dúvidas no momento de administrar e declarar suas rendas.

A correta administração e declaração das rendas é muito importante, porque o governo está amparado legal e tecnologicamente para acessar informações variadas das pessoas físicas e jurídicas, tais como: movimentações financeiras, transações comerciais, compra e venda de imóveis, etc. Informações incorretas podem trazer diversas consequências, tais como autos de infração, cobrança de multas, indisponibilidade de bens ou responsabilização no âmbito criminal.

Se, por exemplo, o profissional apresentar depósitos de quantias elevadas em sua conta-corrente sem uma receita declarada compatível, ele poderá ter problemas com a fiscalização. O mesmo pode acontecer caso compre um imóvel sem ter, declaradamente, origem de recursos para tal operação.

Saber se é conveniente ou não abrir uma empresa não é algo simples. Em muitos casos, a decisão não depende só do profissional. Algumas operadoras de planos de saúde, visando a suas próprias vantagens tributárias e administrativas (como, por exemplo, a redução do pagamento de contribuições previdenciárias e a retenção do Imposto de Renda, mais elevados para rendimentos pagos a pessoas físicas), preferem credenciar profissionais que prestem serviços na qualidade de pessoas jurídicas. Portanto, para se encaixarem a uma situação de trabalho, muitos médicos são "obrigados" a abrir empresas.

Na situação oposta estão os médicos que auferem rendimentos exclusivamente de cooperativas (grupos de profissionais que se reúnem para prestar serviços) e que devem se manter como pessoas físicas, mesmo se chegarem à conclusão de que como empresas pagariam menos impostos.

... muitos médicos são "obrigados" a abrir empresas.

Nesses casos não há escolha. Porém, ainda assim, é importante que exista compreensão do assunto tributário por parte do profissional da saúde, para que as melhores providências possam ser tomadas e ele esteja consciente de suas obrigações e de seus direitos perante o Fisco.

Quando um médico atende um paciente em seu consultório e fornece recibo em nome de sua pessoa física, fica sujeito, em relação a essa movimentação, a determinado tratamento tributário. Mas, se prefere fornecer nota fiscal ou recibo de sua pessoa jurídica, altera substancialmente o tratamento fiscal que receberá.

Tanto no caso do recibo emitido em nome da pessoa física quanto no caso da nota fiscal ou do recibo emitido em nome da pessoa jurídica, os rendimentos deverão ser informados ao governo. O recibo emitido pela pessoa física será incluído na Declaração de Ajuste Anual entregue pelo médico no final do mês de abril do ano seguinte. A nota fiscal da pessoa jurídica estará entre os rendimentos tributáveis declarados pela empresa no final de maio do ano seguinte, na Declaração de Informações da Pessoa Jurídica.

Antes de constarem dessas declarações, no entanto, todos os rendimentos já terão sido submetidos a alguma forma de tributação, conforme estudaremos a seguir.

Finalmente, é importante lembrar que a vida fiscal não se resume a uma ação isolada. Aliás, essa é a primeira coisa que devemos ter em mente ao pensarmos em planejamento tributário. Isso significa que a preocupação com o Fisco não pode estar restrita à entrega das declarações de pessoa física ou jurídica, na época determinada por lei.

> *... a vida fiscal não se resume a uma ação isolada.*

Será muito difícil para um profissional fazer sua Declaração de Ajuste Anual de pessoa física em abril de 2016 se, durante o ano de 2015, não tiver planejado suas ações e organizado sua vida profissional de forma correta.

Em resumo

A pessoa física e a pessoa jurídica – empresa constituída pelo profissional – não se confundem, são entes completamente distintos. Os rendimentos devem ser oferecidos à tributação em apenas um desses entes. A opção de se constituir ou não uma empresa deve levar em conta as exigências do mercado e os aspectos tributários envolvidos.

Capítulo 2

Pessoa física

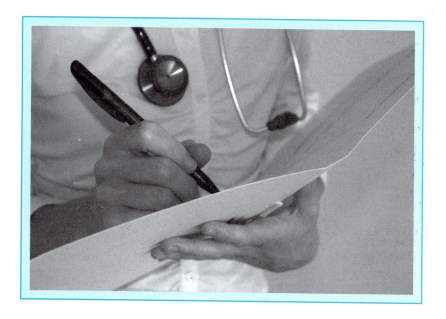

Imposto de Renda de Pessoa Física é, de longe, o principal tributo incidente sobre rendimentos auferidos por médicos enquanto pessoas físicas. Vamos, assim, nos ater de forma mais detalhada a esse imposto.

De forma resumida, podemos dizer que:

- Existe um ganho, ou seja, uma receita proveniente de um serviço prestado para uma empresa ou para um paciente.

- Existe uma tributação sobre essa receita.

- Esse ganho, somado a todos os outros durante um ano, comporá os rendimentos tributáveis constantes da Declaração de Ajuste Anual. Como resultado da declaração, haverá um valor devido de imposto, do qual serão descontadas as quantias pagas ou retidas como impostos também ao longo do ano.

- Caso haja saldo a pagar, será feito o recolhimento do imposto. Mas, se o valor retido ou pago[4] durante o ano for maior do que o devido, o contribuinte terá direito a receber uma restituição da diferença.

São três os pontos básicos que precisam ser detalhados para melhor entendimento desse trâmite: a retenção na fonte; os recolhimentos mensais efetuados por meio de carnê-leão ou Imposto Complementar (mensalão) e a consolidação na Declaração de Ajuste Anual.

A retenção na fonte

Nesse ponto, a classificação do rendimento é muito importante. Os valores recebidos de pessoas físicas (como o pagamento de uma consulta feito diretamente pelo paciente) não sofrem retenção na fonte. Mas dos pagamentos recebidos de

> *... a classificação do rendimento é muito importante.*

[4] Ver, adiante, carnê-leão e Imposto Complementar.

pessoas jurídicas, ao contrário, já vem descontada a quantia referente ao Imposto de Renda Retido na Fonte (IRRF).

Isso acontece porque as pessoas jurídicas são obrigadas a efetuar a retenção do imposto devido sempre que efetuam pagamentos a pessoas físicas, que se caracterizem como rendimentos tributáveis, sejam esses rendimentos relativos a salários, a trabalho sem vínculo empregatício ou a quaisquer outras formas de contrato entre uma pessoa jurídica e uma pessoa física.

Assim, um médico que trabalha em uma clínica como assalariado receberá seu contracheque mensal com discriminação do imposto que foi retido pela clínica. Um médico que atende em seu consultório pacientes de determinado convênio, sendo posteriormente remunerado pela empresa, receberá igualmente valores já líquidos do IRRF.

O cálculo dessa retenção[5] é bastante simples e, como regra geral, funciona da seguinte forma:

> *O cálculo dessa retenção é bastante simples...*

- ▣ Toma-se o total de rendimentos recebidos de cada uma das fontes pagadoras (pessoas jurídicas).

- ▣ Do total de rendimentos, são permitidas algumas deduções. O total de rendimentos, descontadas as deduções, formará a base de cálculo do imposto.

- ▣ Com essa base de cálculo, é possível aplicar a Tabela Progressiva mensal do Imposto de Renda – a tabela relativa a rendimentos recebidos no ano de 2015 está transcrita a seguir – que fornecerá a alíquota e uma parcela para dedução. Calcula-se, assim, o valor a pagar.

[5] Todos os cálculos do IRRF são feitos pela pessoa jurídica contratante

Base de cálculo (R$)	Alíquota (%)	Parcela a deduzir (R$)
Até 1.868,22	–	Isento
De 1.868,23 a 2.799,86	7,5	140,12
De 2.799,87 a 3.733,19	15,0	350,11
De 3.733,20 a 4.664,68	22,5	630,10
Acima de 4.664,68	27,5	863,33

As deduções permitidas[6] pela legislação, no caso de retenção na fonte, são:

- Encargos com dependentes (R$ 187,80 por dependente).

- Pagamentos em dinheiro a título de pensão alimentícia.

- Contribuição previdenciária oficial.

- Contribuição para entidade de previdência privada domiciliada no Brasil.

- Para contribuintes com mais de 65 anos de idade, R$ 1.868,22 relativos a rendimentos provenientes de pensão ou aposentadoria.

Podem ser considerados dependentes:

- Cônjuge.

[6] O empregado ou prestador de serviços deve informar seus dados pessoais à pessoa jurídica para o correto cálculo da retenção. Se algum item não for considerado na retenção mensal, poderá ser abatido na Declaração de Ajuste Anual de Imposto de Renda, e o valor total deduzido, no final do exercício, será o mesmo.

- Companheiro(a) com quem o contribuinte tenha filho ou com quem viva há mais de cinco anos.

- Filho(a) ou enteado(a) de até 21 anos de idade, ou em qualquer idade, quando incapacitado física ou mentalmente para o trabalho.

- Filho(a) ou enteado(a) universitário ou cursando escola técnica de segundo grau, até 24 anos.

- Irmão(ã), neto(a) ou bisneto(a), sem arrimo dos pais, de quem o contribuinte tenha a guarda judicial, até 21 anos, ou em qualquer idade, quando incapacitado física ou mentalmente para o trabalho.

- Irmão(ã), neto(a) ou bisneto(a), sem arrimo dos pais, com idade de 21 até 24 anos, se ainda estiver cursando estabelecimento de ensino superior ou escola técnica de segundo grau, desde que o contribuinte tenha detido sua guarda judicial até os 21 anos.

- Pais, avós e bisavós que tenham recebido, no ano anterior, rendimentos, tributáveis ou não, até R$ 22.418,64.

- Menor pobre de até 21 anos que o contribuinte crie e eduque e de quem detenha a guarda judicial.

- Pessoa absolutamente incapaz, da qual o contribuinte seja tutor ou curador.

Vamos começar a analisar agora os aspectos tributários das vidas de oito médicos hipotéticos, que irão nos acompanhar até o final deste livro:

1. Dr. Alberto ▫ funcionário de um hospital municipal, tem o salário que recebe dessa instituição como sua única fonte de renda. Recebe R$ 6.000,00 por mês. São seus dependentes dois filhos menores e a esposa. Em seu contracheque, é descontada mensalmente a quantia de R$ 660,00 a título de previdência pública.

2. Dr. Bento ▫ atende em seu consultório apenas pacientes particulares. Tem uma renda de R$ 20.000,00 mensais e possui como dependentes sua mãe, seu pai e um filho. Recolhe, a título de INSS[7], R$ 878,05 por mês.

3. Dra. Camila ▫ funcionária registrada de um laboratório de análises clínicas. Ela recebe R$ 9.000,00 mensais. Tem três filhos dependentes, e em seu contracheque é descontada a quantia de R$ 482,93 a título de INSS.

4. Dr. Dagoberto ▫ atende pacientes particulares e de convênios diversos. Recebe mensalmente: R$ 1.100,00 do convênio A; R$ 1.600,00 do convênio B; R$ 1.000,00 do convênio C; R$ 1.100,00 do convênio D, R$ 1.100,00 do convênio E e R$ 1.100,00 do convênio F. De pacientes particulares, seu rendimento é de R$ 3.000,00 por mês. Também recebe a quantia mensal de R$ 2.000,00 de uma universidade no exterior, referente a trabalhos de intercâmbio para pesquisa. Sofre retenção de R$ 482,93 a título de INSS. Dr. Dagoberto possui três dependentes.

5. Dra. Eliane ▪ atende apenas pacientes de convênios diversos. Recebe, mensalmente: R$ 1.400,00 do convênio A; R$ 6.000,00 do convênio B; R$ 2.000,00 do convênio C e R$ 2.600,00 do convênio D. Possui três filhos dependentes e sofre o desconto de R$ 482,93 no convênio B[8], referente à contribuição previdenciária.

6. Dr. Francisco ▪ como o Dr. Bento, esse médico atende em seu consultório apenas pacientes particulares, e tem uma receita de R$ 20.000,00 por mês. Ele possui três dependentes e efetua recolhimento para contribuição previdenciária no valor de R$ 878,05.

7. Dr. Gustavo ▪ tem pacientes apenas da cooperativa de médicos U. Recebe mensalmente R$ 12.000,00, possui três dependentes e sofre retenção mensal da previdência oficial no valor de R$ 482,93.

8. Dr. Hugo ▪ atende apenas pacientes do convênio A, com renda mensal de R$ 6.000,00. Ele tem três dependentes e lhe são descontados R$ 482,93 mensalmente a título de previdência oficial.

[7] Designa a contribuição paga ao Instituto Nacional do Seguro Social.

[8] A retenção para contribuição previdenciária feita por empresas tem um limite (R$ 482,93). Se um dos convênios já reteve o teto, os outros não farão mais retenções.

As receitas mensais destes profissionais estão resumidas na tabela abaixo:

Profissional	Empregos	Cooperativa	Particulares	
Dr. Alberto	R$ 6.000,00			
Dr. Bento			R$ 20.000,00	
Dra. Camila	R$ 9.000,00			
Dr. Dagoberto			R$ 3.000,00	
Dra. Eliane				
Dr. Francisco			R$ 20.000,00	
Dr. Gustavo		R$ 12.000,00		
Dr. Hugo				

Agora, vamos analisar o quanto cada um desses médicos teria de retenção na fonte. Os doutores Bento e Francisco estão fora desse cálculo porque não sofrem nenhuma retenção na fonte, já que recebem apenas de pacientes particulares.

	Convênios							
	A	B	C	D	E	F	Exterior	Total
								R$ 6.000,00
								R$ 20.000,00
								R$ 9.000,00
	R$ 1.100,00	R$ 1.600,00	R$ 1.000,00	R$ 1.100,00	R$ 1.100,00	R$ 1.100,00	R$ 2.000,00	R$ 12.000,00
	R$ 1.400,00	R$ 6.000,00	R$ 2.000,00	R$ 2.600,00				R$ 12.000,00
								R$ 20.000,00
								R$ 12.000,00
	R$ 6.000,00							R$ 6.000,00

A retenção na fonte é calculada separadamente para cada fonte pagadora. Quando o valor recebido mensalmente for menor do que R$ 1.868,22, não existe qualquer retenção. Quando for maior que este valor, procede-se ao cálculo conforme as tabelas a seguir:

Dr. Alberto

	Rendimento	Dependentes	Previdência	Base de cálculo	Tabela mensal	IRRF
Hospital	R$ 6.000,00	R$ 563,40	R$ 660,00	R$ 4.776,60	(4.776,60 × 27,5%) - 863,33	R$ 450,24
Total						R$ 450,24

Dra. Camila

	Rendimento	Dependentes	Previdência	Base de cálculo	Tabela mensal	IRRF
Emprego	R$ 9.000,00	R$ 563,40	R$ 482,93	R$ 7.953,67	(7.953,67 × 27,5%) - 863,33	1.323,93
Total						1.323,93

Dr. Dagoberto

	Rendimento	Dependentes	Previdência	Base de cálculo	Tabela mensal	IRRF
Convênio A	R$ 1.100,00		R$ 121,00	R$ 979,00	Isento	R$ 0,00
Convênio B	R$ 1.600,00	R$ 563,40	R$ 176,00	R$ 860,60	Isento	R$ 0,00
Convênio C	R$ 1.000,00		R$ 64,93	R$ 935,07	Isento	R$ 0,00
Convênio D	R$ 1.100,00		R$ 121,00	R$ 979,00	Isento	R$ 0,00
Convênio E	R$ 1.100,00			R$ 1.100,00	Isento	R$ 0,00
Convênio F	R$ 1.100,00			R$ 1.100,00	Isento	R$ 0,00
Total						R$ 0,00

Dra. Eliane

	Rendimento	Dependentes	Previdência	Base de cálculo	Tabela mensal	IRRF
Convênio A	R$ 1.400,00			R$ 1.400,00	Isento	
Convênio B	R$ 6.000,00	R$ 563,40	R$ 482,93	R$ 4.953,67	(4.953,67 × 27,5%) - 863,33	R$ 498,93
Convênio C	R$ 2.000,00			R$ 2.000,00	(2.000,00 × 7,5%) - 140,12	R$ 9,88
Convênio D	R$ 2.600,00			R$ 2.600,00	(2.600,00 × 7,5%) - 140,12	R$ 54,88
Total						R$ 563,69

Dr. Gustavo

	Rendimento	Dependentes	Previdência	Base de cálculo	Tabela mensal	IRRF
Cooperativa U	R$ 12.000,00	R$ 563,40	R$ 482,93	R$ 10.953,67	(10.953,67 × 27,5%) - 863,33	R$ 2.148,93
Total						R$ 2.148,93

Dr. Hugo

	Rendimento	Dependentes	Previdência	Base de cálculo	Tabela mensal	IRRF
Convênio A	R$ 6.000,00	R$ 563,40	R$ 482,93	R$ 4.953,67	(4.953,67 × 27,5%) - 863,33	R$ 498,93
Total						R$ 498,93

Quadro resumido do Imposto de Renda Retido na Fonte

Profissional	Rendimentos tributáveis (R$)	Contribuição previdenciária (R$)	Dependentes	Imposto retido na fonte (R$)	Imposto retido na fonte em 12 meses (R$)
Dr. Alberto	6.000,00	660,00	3	450,24	5.402,88
Dr. Bento	20.000,00	878,05	3	0	0
Dra. Camila	9.000,00	482,93	3	1.323,93	15.887,16
Dr. Dagoberto	12.000,00	482,93	3	0	0
Dra. Eliane	12.000,00	482,93	3	563,69	6.764,28
Dr. Francisco	20.000,00	878,05	3	0	0
Dr. Gustavo	12.000,00	482,93	3	2.148,93	25.787,16
Dr. Hugo	6.000,00	482,93	3	498,93	5.987,15

É importante salientar que esses cálculos não precisam ser feitos pelos profissionais. Conforme já dito, a responsabilidade pela retenção é da fonte pagadora. Assim, os valores recebidos são líquidos, já tendo sofrido o respectivo desconto. No contracheque recebido pelo assalariado e no informe de rendimentos oferecido pelo empregador, normalmente são discriminados os rendimentos brutos, a contribuição previdenciária e o imposto retido na fonte.

Observe que:

Como a retenção na fonte é calculada para cada fonte pagadora separadamente, os valores retidos podem ser diferentes, mesmo quando o rendimento total é igual. Veja os casos da Dra. Eliane e do Dr. Gustavo: ambos receberam mensalmente o mesmo valor, R$ 12.000,00. A primeira, contudo, teve retenção de R$ 563,69 e o segundo, de R$ 2.148,93! O Dr. Dagoberto, por sua vez, recebeu R$ 7.000,00 de convênios e não sofreu qualquer retenção. Como regra geral, temos que, quanto mais diversificadas forem as fontes pagadoras, menores serão os valores retidos. Isso não significa, contudo, que um caso está sujeito a maior tributação que o outro. Essas diferenças serão compensadas na Declaração de Ajuste Anual, quando serão consolidados todos os rendimentos auferidos no ano.

Em resumo

Só existe retenção na fonte para pessoas físicas quando existem rendimentos recebidos de pessoas jurídicas. As retenções são calculadas pelas fontes pagadoras, e o profissional recebe os valores líquidos, já descontados do imposto. Esses valores serão considerados na Declaração de Ajuste Anual.

Carnê-leão e Imposto Complementar (mensalão)

Em um primeiro momento, fica a impressão de que apenas os profissionais assalariados e os que prestam serviços para pessoas jurídicas pagam Imposto de Renda. Não é bem assim, pois os rendimentos recebidos de pessoas físicas estão sujeitos ao pagamento mensal de imposto por meio do carnê-leão.

Quando uma pessoa jurídica paga rendimentos a uma pessoa física, ela efetua uma retenção na fonte, utilizando a Tabela Progressiva mensal do Imposto de Renda. A responsabilidade pela retenção é da fonte pagadora.

Mas quando uma pessoa física recebe rendimentos de outra pessoa física ou de uma fonte situada no exterior, não existe retenção pela fonte pagadora. Quem deve calcular o imposto devido e proceder ao seu recolhimento é o próprio profissional que prestou os serviços. O cálculo e o consequente recolhimento serão feitos por meio do carnê-leão. Profissionais liberais, como os médicos, são exemplos típicos de contribuintes sujeitos a essa forma de tributação.

Quem deve calcular o imposto devido e proceder ao seu recolhimento é o próprio profissional que prestou os serviços.

O carnê-leão considera todos os valores mensais recebidos de pessoas físicas e de fontes no exterior. Desses valores, são subtraídas as deduções permitidas pela legislação. A diferença constitui-se na base de cálculo do imposto, que será definido com a utilização da Tabela Progressiva mensal do Imposto de Renda, descrita no item anterior.

No caso de recolhimento mensal pelo carnê-leão, as deduções permitidas são:

- Encargos com dependentes (R$ 187,80 por dependente), quando não utilizados para fins de retenção na fonte[9].

- Pagamentos em dinheiro a título de pensão alimentícia.

- Contribuição previdenciária oficial.

- Despesas escrituradas no livro-caixa.

O livro-caixa[10] nada mais é que uma relação de todas as receitas e despesas necessárias para o exercício da atividade profissional, organizadas cronologicamente. Essas despesas devem ser comprovadas com documentação hábil, não sendo aceitos tíquetes de caixa e documentos não identificados. A escrituração desse livro é muito importante, pois as despesas consideradas alteram de forma significativa o valor do Imposto de Renda devido. No programa para preenchimento do carnê-leão da Receita Federal (www.receita.fazenda.gov.br), é possível escriturar o livro-caixa diretamente no programa, sendo gerados automaticamente os valores devidos e os Documentos de Arrecadação de Receitas Federais (Darf) para pagamentos.

Alguns exemplos de despesas que podem ser lançadas no livro-caixa são os pagamentos de impostos, taxas e contribuições – Imposto Sobre Serviços de Qualquer Natureza (ISS), contribuição a entidade de classe, Imposto Predial e Territorial Urbano (IPTU) –, telefone, aluguel, condomínio, luz, folha de pagamento e encargos de funcionários, compra de roupas especiais, publicações necessárias ao exercício da atividade profissional etc.

[9] A dedução por dependentes só pode ocorrer uma vez. Se ela foi feita no momento da retenção na fonte, não pode acontecer de novo.

[10] Pessoas físicas que recebem rendimentos de trabalho não assalariado, sejam de pessoas físicas (pacientes particulares) e/ou de pessoas jurídicas (convênios), podem escriturar o livro-caixa.

Não é permitido deduzir as despesas relativas a transporte, combustível, estacionamento, manutenção de veículos, arrendamento mercantil e depreciação de bens.

Cabe salientar que todos os profissionais que receberam rendimentos de trabalho não assalariado, independentemente de terem recebido de pessoas físicas ou jurídicas, podem escriturar o livro-caixa e utilizar as deduções permitidas. A diferença é que os que receberam valores apenas de pessoas jurídicas só irão utilizar essas deduções na Declaração de Ajuste Anual, que será vista adiante. Assim, voltando aos nossos personagens, a Dra. Eliana, o Dr. Gustavo e o Dr. Hugo também deverão guardar seus comprovantes de despesas, pois poderão, posteriormente, abater esses valores da base de cálculo do imposto anual.

... os que receberam valores apenas de pessoas jurídicas só irão utilizar essas deduções na Declaração de Ajuste Anual.

Estariam sujeitos ao carnê-leão os médicos Bento, Dagoberto e Francisco, profissionais que recebem valores de pessoas físicas e remessas de instituições do exterior. Os demais não estão sujeitos a essa forma de tributação, já que recebem valores apenas de pessoas jurídicas.

O Dr. Bento trabalha em consultório próprio e não tem secretária. O Dr. Dagoberto divide o aluguel do consultório e o pagamento do salário da secretária com um colega. Já o Dr. Francisco paga sozinho as despesas com aluguel e salários.

Vamos supor que os três profissionais tenham as seguintes despesas mensais lançadas em livro-caixa:

Despesas de livro-caixa	Dr. Bento	Dr. Dagoberto	Dr. Francisco
Aluguel do consultório	-	R$ 500,00	R$ 1.000,00
Telefone, luz, condomínio etc.	R$ 3.000,00	R$ 1.250,00	R$ 3.000,00
Secretária	-	R$ 750,00	R$ 1.500,00
Total	R$ 3.000,00	R$ 2.500,00	R$ 5.500,00

O valor mensal a ser recolhido pelo carnê-leão de cada um deles será o seguinte:

	Dr. Bento	Dr. Dagoberto	Dr. Francisco
Renda proveniente de pessoa física	R$ 20.000,00	R$ 3.000,00	R$ 20.000,00
Renda proveniente do exterior		R$ 2.000,00	
Renda total (pessoa física + exterior)	R$ 20.000,00	R$ 5.000,00	R$ 20.000,00
Livro-caixa	R$ 3.000,00	R$ 2.500,00	R$ 5.500,00
Dependentes	R$ 563,40		R$ 563,40
Previdência	R$ 878,05		R$ 878,05
Total de deduções	R$ 4.441,45	R$ 2.500,00	R$ 6.941,45
Base de cálculo (renda – deduções)	R$ 15.558,55	R$ 2.500,00	R$ 13.058,55
Aplicação da tabela progressiva	(15.558,55 x 27,5%) - 863,33	(2.500 x 7,5%) - 140,12	(13.058,55 x 27,5%) - 863,33
Valor a ser recolhido (carnê-leão)	R$ 3.415,27	R$ 47,38	R$ 2.727,77
Valor a ser recolhido em 12 meses	R$ 40.983,26	R$ 568,56	R$ 32.733,26

O Imposto Complementar (mensalão), por sua vez, é um recolhimento facultativo (diferentemente do carnê-leão, cujo recolhimento é obrigatório), que pode ser efetuado pelo contribuinte para antecipar o pagamento de imposto devido na Declaração de Ajuste Anual. Ele não tem data fixa para pagamento e não existe qualquer penalidade por atraso ou não pagamento. Por não ser obrigatório e não apresentar vantagem financeira ao contribuinte (já que é apenas uma antecipação de um valor devido, que pode ser pago posteriormente sem qualquer acréscimo), é muito pouco utilizado.

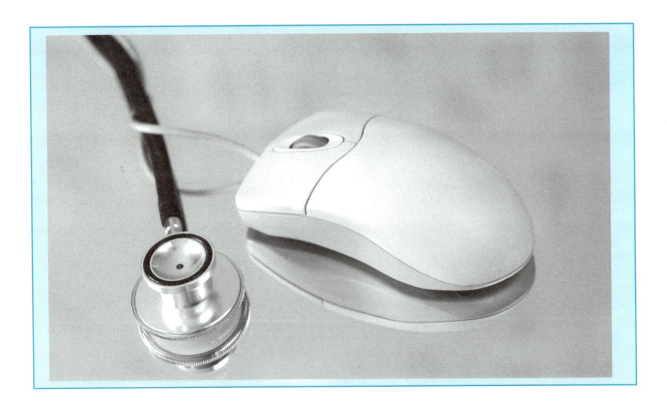

Livro-Caixa		
Janeiro de 2015		
Lançamento n. 1		
Data: 02/01/2015	**Conta:** Rend. PF não assalariado	
Histórico:		**Valor:** R$ 5.000,00
Recebimentos de pacientes		
Lançamento n. 2		
Data: 08/01/2015	**Conta:** Condomínio do escritório/consultório	
Histórico:		**Valor:** R$ 2.000,00
Condomínio		
Lançamento n. 3		
Data: 09/01/2015	**Conta:** Rend. PF não assalariado	
Histórico:		**Valor:** R$ 5.000,00
Recebimentos de pacientes		
Lançamento n. 4		
Data: 15/01/2015	**Conta:** Telefone do escritório/consultório	
Histórico:		**Valor:** R$ 500,00
Conta de telefone		
Lançamento n. 5		
Data: 16/01/2015	**Conta:** Rend. PF não assalariado	
Histórico:		**Valor:** R$ 5.000,00
Rendimentos de pacientes		
Lançamento n. 6		
Data: 19/01/2015	**Conta:** Energia do escritório/consultório	
Histórico:		**Valor:** R$ 500,00
Conta de luz		
Lançamento n. 7		
Data: 30/01/2015	**Conta:** Rend. PF não assalariado	
Histórico:		**Valor:** R$ 5.000,00
Recebimentos de pacientes		

Fig. 1 – Exemplo de livro-caixa escriturado por meio do programa da Secretaria da Receita Federal na internet.

MINISTÉRIO DA FAZENDA SECRETARIA DA RECEITA FEDERAL Documento de Arrecadação de Receitas Federais **DARF**	**02** PERÍODO DE APURAÇÃO	31/01/2015
	03 NÚMERO DO CPF OU CNPJ	888.888.888-88
	04 CÓDIGO DA RECEITA	0190
01 NOME/TELEFONE BENTO DE ANDRADE (11) 7777-7777	**05** NÚMERO DE REFERÊNCIA	
	06 DATA DE VENCIMENTO	27/02/2015
	07 VALOR DO PRINCIPAL	3.415,27
	08 VALOR DA MULTA	
ATENÇÃO É vedado o recolhimento de tributos e contribuições administrados pela Secretaria da Receita Federal cujo valor total seja inferior a R$ 10,00. Ocorrendo tal situação, adicione esse valor ao tributo/contribuição de mesmo código de períodos subseqüentes, até que o total seja igual ou superior a R$ 10,00.	**09** VALOR DOS JUROS E/OU ENCARGOS DL - 1.025/89	
	10 VALOR TOTAL	3.415,27
	11 AUTENTICAÇÃO BANCÁRIA (Somente nas 1ª e 2ª vias)	

Fig. 2 – Exemplo de recolhimento pelo carnê-leão.

MINISTÉRIO DA FAZENDA SECRETARIA DA RECEITA FEDERAL Documento de Arrecadação de Receitas Federais **DARF**	**02** PERÍODO DE APURAÇÃO	31/01/2015
	03 NÚMERO DO CPF OU CNPJ	888.888.888-88
	04 CÓDIGO DA RECEITA	0246
01 NOME/TELEFONE BENTO DE ANDRADE (11) 7777-7777	**05** NÚMERO DE REFERÊNCIA	
	06 DATA DE VENCIMENTO	27/02/2015
	07 VALOR DO PRINCIPAL	1.000,00
	08 VALOR DA MULTA	
ATENÇÃO É vedado o recolhimento de tributos e contribuições administrados pela Secretaria da Receita Federal cujo valor total seja inferior a R$ 10,00. Ocorrendo tal situação, adicione esse valor ao tributo/contribuição de mesmo código de períodos subseqüentes, até que o total seja igual ou superior a R$ 10,00.	**09** VALOR DOS JUROS E/OU ENCARGOS DL - 1.025/89	
	10 VALOR TOTAL	1.000,00
	11 AUTENTICAÇÃO BANCÁRIA (Somente nas 1ª e 2ª vias)	

Fig. 3 – Exemplo de recolhimento optativo pelo mensalão.

Observe que:

- *O médico Dagoberto não considerou, na determinação do valor a ser recolhido a título de carnê-leão, deduções relativas a dependentes e contribuições à Previdência. Isso porque os valores já foram considerados no cálculo das retenções na fonte e não podem ser deduzidos mais de uma vez.*

- *Os médicos Bento e Francisco têm os mesmos rendimentos e deduções, com exceção do livro-caixa. Note que, apenas em função do livro-caixa, um recolhe anualmente R$ 8.250,00 a menos que o outro. Com esse exemplo, novamente salientamos a importância da correta escrituração e do acompanhamento das despesas, que podem resultar em grande economia fiscal.*

Em resumo

O carnê-leão deve ser recolhido por pessoas físicas que recebem rendimentos de outras pessoas físicas e de fontes no exterior. A base de cálculo é a soma desses rendimentos, subtraídas as deduções permitidas, que incluem as despesas necessárias para o exercício da profissão, descriminadas no livro-caixa. A base de cálculo é submetida à mesma Tabela Progressiva Mensal, utilizada para cálculo das retenções na fonte. Os valores recolhidos por meio do carnê-leão também serão considerados na Declaração de Ajuste Anual.

O Imposto Complementar (mensalão) é apenas uma antecipação do Imposto de Renda devido. Seu recolhimento não é obrigatório.

A Declaração de Ajuste Anual

A Declaração de Ajuste Anual, tão temida e de difícil compreensão para muitos, nada mais é que um resumo do exercício anual. É a consolidação de todos os valores recebidos e de todos os pagamentos e retenções efetuados nesse período.

Trata-se de uma simples conta para verificar se o que já foi pago/retido (incluindo as retenções na fonte, o carnê-leão e o Imposto Complementar) foi suficiente para quitar o que o contribuinte deve ao Fisco. Em muitos casos, pagou-se a mais, e por isso existe a restituição de Imposto de Renda.

A declaração, por ser anual, utiliza a Tabela Progressiva Anual do Imposto de Renda, que está transcrita a seguir. Ela tem por base os valores da tabela mensal multiplicados por 12:

A declaração, por ser anual, utiliza a Tabela Progressiva Anual do Imposto de Renda...

Base de cálculo (R$)	Alíquota (%)	Parcela a deduzir (R$)
Até 22.418,64	–	Isento
De 22.418,65 a 33.598,32	7,5	1.681,44
De 33.598,33 a 44.798,28	15,0	4.201,32
De 44.798,29 a 55.976,16	22,5	7.561,20
Acima de 55.976,16	27,5	10.359,96

Nota: a tabela acima é a que será utilizada na declaração relativa ao exercício 2016, ano-calendário 2015, que deverá ser entregue até o final do mês de abril/2016.

A Receita Federal possibilita ao contribuinte pessoa física a utilização de dois modelos de declaração de ajuste: a Declaração Simplificada e a Declaração Completa.

A Declaração Simplificada

A Declaração Simplificada dispensa qualquer comprovação ou detalhamento relativos às deduções permitidas...

A Declaração Simplificada dispensa qualquer comprovação ou detalhamento relativos às deduções permitidas, limitando essas deduções, porém, a 20% da receita tributável, com valor máximo de R$ 16.595,53 para o ano-calendário de 2015.

Não se fala, nesse caso, em dependentes, contribuições previdenciárias ou em livro-caixa.

Assim, um contribuinte que tenha rendimentos tributáveis anuais de R$ 20.000,00 poderá considerar uma dedução de R$ 4.000,00, independentemente de qualquer esclarecimento sobre a origem dessa dedução. Um contribuinte com receita tributável superior a R$ 82.977,65 ao ano, contudo, só poderá considerar o desconto de R$ 16.595,53.

Por isso a apresentação da Declaração Simplificada só é vantajosa quando as despesas dedutíveis forem iguais ou inferiores a R$ 16.595,53.

Nos demais casos, a Declaração Completa tende a resultar em um imposto a pagar menor do que o resultante da Declaração Simplificada.

Mas antes de tratarmos com detalhes da Declaração Completa, vamos considerar como ficaria a Declaração de Ajuste Anual, com preenchimento no modelo simplificado, dos profissionais que estamos acompanhando:

	Dr. Alberto	Dr. Bento	
Rendimentos tributáveis			
Receita proveniente de pessoa jurídica auferida pelo titular	R$ 72.000,00		
Receita proveniente de pessoa jurídica auferida pelos dependentes			
Receita proveniente de pessoas físicas auferida pelo titular		R$ 240.000,00	
Receitas provenientes de pessoas físicas auferidas pelos dependentes			
Receita proveniente de remessa do exterior			
Total	R$ 72.000,00	R$ 240.000,00	
Deduções			
Dedução simplificada	R$ 14.400,00	R$ 16.595,53	
Total	R$ 14.400,00	R$ 16.595,53	
Base de cálculo (Rendimentos – deduções)	R$ 57.600,00	R$ 223.404,47	
Imposto devido	R$ 5.480,04	R$ 51.076,27	
(–) Imposto retido na fonte	R$ 5.402,88	R$ 0,00	
(–) Carnê-leão	R$ 0,00	R$ 40.983,26	
Imposto a pagar	R$ 77,16	R$ 10.093,01	
Imposto a restituir	R$ 1.110,88		

Dra. Camila	Dr. Dagoberto	Dra. Eliane	Dr. Francisco	Dr. Gustavo	Dr. Hugo
R$ 108.000,00	R$ 84.000,00	R$ 144.000,00		R$ 144.000,00	R$ 72.000,00
	R$ 36.000,00		R$ 240.000,00		
	R$ 24.000,00				
R$ 108.000,00	144.000,00 R$	144.000,00	240.000,00	144.000,00	72.000,00
R$ 16.595,53	R$ 16.595,53	R$ 16.595,53	R$ 16.595,53	R$ 16.595,53	R$ 14.400,00
R$ 16.595,53	R$ 16.595,53	R$ 16.595,53	R$ 16.595,53	R$ 16.595,53	R$ 14.400,00
R$ 91.404,47	R$ 127.404,47	R$ 127.404,47	R$ 223.404,47	R$ 127.404,47	R$ 57.600,00
R$ 14.776,28	R$ 24.676,27	R$ 24.676,27	R$ 51.076,27	R$ 24.676,28	R$ 5.480,04
R$ 15.887,16	R$ 0,00	R$ 6.764,28	R$ 0,00	R$ 25.787,16	R$ 5.987,15
R$ 0,00	R$ 568,56	R$ 0,00	R$ 32.733,26	R$ 0,00	R$ 0,00
	R$ 24.107,71			R$ 17.911,99	R$ 18.343,01
	R$ 1.110,88		R$ 507,11		

Observe que:

- *Dois dos contribuintes com imposto a restituir teriam, com a utilização do modelo simplificado, o mesmo valor a receber (R$ 1.110,88). Tal fato não é mera coincidência. Esse valor equivale à diferença entre a dedução simplificada (16.595,53) e as deduções utilizadas quando da retenção na fonte (R$ 563,40 ao mês pelos dependentes e R$ 482,93 ao mês de contribuição previdenciária) na alíquota de 27,5%. Matematicamente, temos: [16.595,53 – (563,40 + 482,93) × 12] × 27,5% = R$ 1.110,88.*

- *Nessa tabela, já é possível perceber que, como regra geral, quanto menor o número de fontes pagadoras, menor o saldo de imposto a pagar e maior a possibilidade de existir imposto a restituir na Declaração de Ajuste Anual. Tal assunto será mais detalhado no próximo tópico, que aborda a Declaração Completa.*

A Declaração Completa

Na determinação da base de cálculo do imposto na Declaração Completa serão permitidas as deduções já utilizadas mensalmente e outras como, por exemplo, despesas com instrução do contribuinte e dos dependentes (sujeitas à limitação anual individual de R$ 3.527,74), despesas médicas do contribuinte e de seus dependentes, pagamentos a previdência privada – limitada a 12% do total dos rendimentos computados na base de cálculo do imposto (que somente os assalariados consideravam quando da retenção na fonte) e um valor de R$ 2.253,60 por dependente (no cálculo das retenções na fonte e do carnê-leão já havia sido considerado um valor mensal de R$ 187,80 por dependente). São justamente essas outras deduções, várias delas não computadas mensalmente, as responsáveis por valores menores de imposto a pagar e pelas eventuais restituições.

E por que alguns contribuintes ainda têm imposto a pagar, se durante o ano já sofreram retenções na fonte e efetuaram pagamentos por meio do carnê-leão?

E por que alguns contribuintes ainda têm imposto a pagar, se durante o ano já sofreram retenções na fonte e efetuaram pagamentos por meio do carnê-leão? A resposta está no fato de que agora estão sendo analisados todos os rendimentos e todo o ano. É comum o profissional receber valores pequenos de várias fontes. Cada uma delas, isoladamente, não estava obrigada a fazer retenções, pois o valor pago não atingia o limite mínimo da tabela mensal. Quando se analisa a totalidade dos ganhos, contudo, o contribuinte fica sujeito a pagamento de imposto e, como nada foi pago durante o ano, resulta em um imposto a pagar na Declaração de Ajuste Anual. De forma análoga, pode ter havido retenções mensais por fonte pagadora nas alíquotas de 7,5%, 15% ou 22,5% e, considerando os rendimentos totais, o contribuinte pode estar sujeito a alíquotas maiores.

Vamos ver, agora, como ficaria, no final de um ano, a situação de nossos personagens com a Declaração Completa.

Para tanto, vamos considerar que os rendimentos, as despesas, as retenções e os pagamentos mensais já apresentados se repetem igualmente durante todos os meses do ano. Vamos imaginar, ainda, as seguintes informações complementares:

- Os dois filhos do Dr. Alberto estudam em escolas particulares, com custo anual de R$ 4.800,00 para cada um. As despesas médicas da família chegam a R$ 3.000,00 ao ano.

- O Dr. Bento gasta R$ 10.000,00 ao ano com despesas médicas, próprias e de seus pais. Seu filho não estuda e não tem outras despesas com instrução.

- Os três filhos da Dra. Camila estão na escola, com custo anual de R$ 4.800,00 cada. Nenhum deles tem despesas médicas dedutíveis.

- O Dr. Dagoberto gasta com as escolas de seus dois filhos R$ 15.000,00 por ano (R$ 7.500,00 cada). Também não tem despesas médicas. Paga R$ 6.000,00 por ano para um plano de previdência privada.

- A Dra. Eliane gasta R$ 3.000,00 por ano com seu curso de especialização e R$ 4.800,00 com cada um dos seus dois filhos que ainda estão no colégio. O filho mais velho está em faculdade pública. Não tem despesas médicas.

- O Dr. Francisco gasta R$ 12.000,00 anuais com as escolas de cada um de seus três filhos e R$ 4.000,00 por ano com despesas médicas.

- O Dr. Gustavo e o Dr. Hugo não têm gastos com educação própria ou de seus dependentes e nem despesas médicas dedutíveis.

- A Dra. Eliane e o Dr. Gustavo têm, em seus livros-caixas, despesas correspondentes a R$ 2.000,00 mensais (ou R$ 24.000,00 anuais) cada. O Dr. Hugo tem metade dessas despesas (R$ 12.000,00 anuais).

Com essas informações, podemos calcular qual o saldo de imposto que constará na Declaração de Ajuste Anual de cada um dos oito contribuintes, conforme segue na tabela a seguir:

Declarações de Ajuste Anual no modelo completo

	Dr. Alberto	Dr. Bento	
Rendimentos tributáveis			
Receita proveniente de pessoa jurídica auferida pelo titular	R$ 72.000,00		
Receita proveniente de pessoa jurídica auferida pelos dependentes			
Receita proveniente de pessoas físicas auferida pelo titular		R$ 240.000,00	
Receita proveniente de pessoas físicas auferida pelos dependentes			
Receita proveniente de remessa do exterior			
Total	R$ 72.000,00	R$ 240.000,00	
Deduções			
Previdência oficial	R$ 7.920,00	R$ 10.536,60	
Previdência privada			
Dependentes	R$ 6.760,80	R$ 6.760,80	
Despesas com instrução	R$ 7.055,48	R$ 0,00	
Despesas médicas	R$ 3.000,00	R$ 10.000,00	
Pensão alimentícia			
Livro-caixa	R$ 0,00	R$ 36.000,00	
Total	R$ 24.736,28	R$ 63.297,40	
Base de cálculo (rendimentos – deduções)	R$ 47.263,72	R$ 176.702,60	
Imposto devido	R$ 3.073,14	R$ 38.233,26	
(–) Imposto retido na fonte	R$ 5.402,88	R$ 0,00	
(–) Carnê-leão	R$ 0,00	R$ 40.983,26	
Imposto a pagar			
Imposto a restituir	R$ 2.329,74	R$ 2.750,00	

Dra. Camila	Dr. Dagoberto	Dra. Eliane	Dr. Francisco	Dr. Gustavo	Dr. Hugo
R$ 108.000,00	R$ 84.000,00	R$ 144.000,00		R$ 144.000,00	R$ 72.000,00
	R$ 36.000,00		R$ 240.000,00		
	R$ 24.000,00				
R$ 108.000,00	R$ 144.000,00	R$ 144.000,00	R$ 240.000,00	R$ 144.000,00	R$ 72.000,00
R$ 5.795,16	R$ 5.795,16	R$ 5.795,16	R$ 10.536,60	R$ 5.795,16	R$ 5.795,16
	R$ 6.000,00				
R$ 6.760,80	R$ 6.760,80	R$ 6.760,80	R$ 6.760,80	R$ 6.760,80	R$ 6.760,80
R$ 10.583,22	R$ 7.055,48	R$ 10.583,22	R$ 10.583,22	R$ 0,00	
R$ 0,00	R$ 0,00	R$ 0,00	R$ 4.000,00	R$ 0,00	R$ 0,00
R$ 0,00	R$ 30.000,00	R$ 24.000,00	R$ 66.000,00	R$ 24.000,00	R$ 12.000,00
R$ 23.139,18	R$ 55.611,44	R$ 47.139,18	R$ 97.880,62	R$ 36.555,96	R$ 24.555,96
R$ 84.860,82	R$ 88.388,56	R$ 96.860,82	R$ 142.119,38	R$ 107.444,04	R$ 47.444,04
R$ 12.976,77	R$ 13.946,89	R$ 16.276,77	R$ 28.722,87	R$ 19.187,16	R$ 3.113,71
R$ 15.887,16	R$ 0,00	R$ 6.764,28	R$ 0,00	R$ 25.787,16	R$ 5.987,15
R$ 0,00	R$ 568,56	R$ 0,00	R$ 32.733,26	R$ 0,00	R$ 0,00
	R$ 13.378,33	R$ 9.512,49			
R$ 2.910,39			R$ 4.010,39	R$ 6.600,00	R$ 2.873,44

A Declaração Completa
versus a Declaração Simplificada

A utilização do modelo completo geralmente é vantajosa para o contribuinte, resultando em menor saldo de imposto a pagar ou maior saldo de imposto a ser restituído. A Declaração Simplificada deve, assim, ser utilizada apenas nos casos em que existirem poucas deduções ou, eventualmente, quando o profissional constituir uma empresa e tiver seus rendimentos tributados na Pessoa Jurídica. Essa hipótese será vista em detalhes a partir do próximo capítulo.

A utilização do modelo completo geralmente é vantajosa para o contribuinte...

Uma comparação entre os resultados da utilização dos dois modelos de declaração pode ser visualizada na tabela a seguir.

	Simplificada	Completa	Diferença
Dr. Alberto	R$ 77,16 a pagar	R$ 2.329,74 a restituir	R$ 2.406,90
Dr. Bento	R$ 10.093,01 a pagar	R$ 2.750,00 a restituir	R$ 12.843,01
Dra. Camila	R$ 1.110,88 a restituir	R$ 2.910,39 a restituir	R$ 1.799,51
Dr. Dagoberto	R$ 24.107,71 a pagar	R$ 13.378,33 a pagar	R$ 10.729,38
Dra. Eliane	R$ 17.911,99 a pagar	R$ 9.512,49 a pagar	R$ 8.399,50
Dr. Francisco	R$ 18.343,01 a pagar	R$ 4.010,39 a restituir	R$ 22.353,40
Dr. Gustavo	R$ 1.110,88 a restituir	R$ 6.600,00 a restituir	R$ 5.489,12
Dr. Hugo	R$ 507,11 a restituir	R$ 2.873,44 a restituir	R$ 2.366,33

Observe que:

- *Analisando os resultados, é possível questionar por que existe, na Declaração Completa, imposto a restituir para os médicos Alberto, Bento, Camila, Francisco, Gustavo e Hugo, se durante o ano as retenções na fonte e os recolhimentos efetuados por meio do carnê-leão foram corretamente calculados. Será que houve pagamento a maior em todos esses casos? A resposta é não. Não houve recolhimento a maior. O motivo das restituições é que a legislação permite a utilização de algumas deduções apenas no momento da apresentação da Declaração de Ajuste Anual. É o caso das despesas com instrução e despesas médicas do Dr. Alberto; das despesas médicas do Dr. Bento; das despesas com instrução da Dra. Camila; das despesas com instrução e despesas médicas do Dr. Francisco e do livro-caixa (que não havia sido considerado no cálculo das retenções na fonte) do Dr. Gustavo e do Dr. Hugo.*

- *As despesas médicas e o livro-caixa, por não sofrerem limitações, influenciam significativamente o resultado final.*

- *As despesas com instrução, por sofrerem limitação individual, geram situações como a do Dr. Dagoberto, que, apesar de gastar mais do que a Dra. Camila com educação (R$ 15.000,00 o primeiro e R$ 14.400,00 a segunda), pode abater um valor menor que ela, já que suas despesas referem-se a apenas dois filhos, enquanto as dela, a três filhos.*

- *Quando o profissional recebe de várias fontes pagadoras, pode vir a ter um grande imposto a pagar na Declaração Anual (é o que ocorreu com o Dr. Dagoberto, que não teve rendimentos sujeitos a tributação na fonte de nenhum convênio e pagou carnê-leão apenas relativo às receitas com particulares e à universidade do exterior). Já quando os rendimentos estão concentrados em uma ou em poucas fontes pagadoras, o imposto a pagar no ajuste anual tende a ser mínimo ou, o que é bastante comum, existe imposto a restituir (casos dos médicos Gustavo e Hugo).*

- *Finalmente, cabe salientar que a tabela progressiva anual utilizada em nossos cálculos é diferente da utilizada para a Declaração de Ajuste Anual a ser entregue até o final do mês de abril de 2015, relativa ao ano de 2014. Foram considerados os valores que passaram a vigorar a partir de 1º de janeiro de 2015, com a tabela anual que será utilizada no mês de abril de 2016.*

Em resumo

A Declaração de Ajuste Anual é um resumo da vida financeira durante o período de um ano, no qual são considerados, entre outros elementos, os rendimentos tributáveis e os recolhimentos já efetuados. Pode ser apresentada em dois modelos: o simplificado e o completo. O primeiro considera uma dedução de 20% da receita tributável, limitada a R$ 16.595,53, independentemente de qualquer comprovação ou detalhamento. No modelo completo, são consideradas e discriminadas todas as deduções permitidas pela legislação a que o contribuinte tem direito.

Capítulo 3

Pessoa jurídica

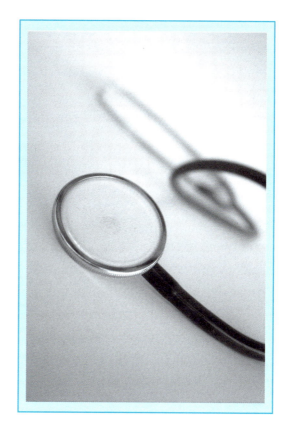

Conforme já foi visto no Capítulo 1, a tributação de rendimentos auferidos pode se dar sobre a renda da pessoa física ou da pessoa jurídica constituída pelo profissional. No caso de pessoa física, temos as retenções mensais (efetuadas pelas fontes pagadoras), o recolhimento mensal por meio do carnê-leão (efetuado pelo profissional) e uma consolidação do exercício que acontece na Declaração de Ajuste Anual, que pode resultar em saldo de imposto a pagar ou a restituir.

No caso de pessoas jurídicas, uma nova figura foi criada. Os recolhimentos de tributos e contribuições, as declarações, a contabilidade, enfim, todos os atos tributários, serão feitos em nome desse novo ente. O tratamento fiscal é, também, completamente diverso do aplicável às pessoas físicas.

Devemos esquecer, então, por ora, do carnê-leão e da Declaração de Ajuste Anual. Um novo conceito será fundamental: o lucro. O que será tributado pelo Imposto de Renda é o eventual lucro das empresas.

Existem também os tributos e contribuições que incidem sobre o faturamento, e não sobre o lucro (caso do PIS e da Cofins). Por causa da facilidade de controle e da grande capacidade de arrecadação, esses tributos e contribuições vêm sendo cada vez mais majorados e, muitas vezes, chegam a onerar mais as pessoas jurídicas do que o próprio Imposto de Renda.

Existem também os tributos e contribuições que incidem sobre o faturamento...

Também em razão da facilidade de controle, foram criadas formas de tributação simplificadas, que deixaram de lado o conceito do lucro, incidindo sobre a receita das empresas. As formas de tributação das pessoas jurídicas, as características de cada uma delas e os tributos incidentes sobre as empresas são exatamente os tópicos que passaremos, a partir de agora, a abordar.

As empresas estão sujeitas à tributação, de acordo com um dos seguintes regimes:

1) Lucro Real

2) Lucro Arbitrado

3) Lucro Presumido

4) Simples Nacional (ou Super Simples, como é comumente chamado)

O Lucro Arbitrado[11], como o próprio nome diz, atribui (ou arbitra) o lucro de uma pessoa jurídica quando não existe outra forma de se obtê-lo. É aplicado, fundamentalmente, pelo Fisco, quando da constatação de que a escrituração[12] de uma empresa é imprestável ou quando não são apresentados, no curso de uma ação fiscal[13], livros ou arquivos obrigatórios.

O Lucro Real é a forma de tributação que melhor reflete os resultados de uma empresa. Nesse regime, o imposto é calculado sobre o lucro verdadeiro, real – aquele que efetivamente resultou da operação da pessoa jurídica. Aqui, são contabilizados todas as receitas, custos e despesas, investimentos, depreciações, amortizações e resultados financeiros. Enfim, são considerados todos os itens que, de alguma forma, influenciam o resultado do contribuinte. O levantamento desse resultado ocorre a cada trimestre ou a cada ano.

Contudo, existe a necessidade de um controle administrativo e tributário intenso, com a escrituração de mais livros comerciais e fiscais. A legislação obriga certas empresas a utilizarem o Lucro Real. É o caso, por exemplo, de instituições financeiras, pessoas jurídicas com receitas anuais superiores a R$ 78.000.000,00 ou empresas que tiveram lucros, rendimentos ou ganhos de capital oriundos do exterior. Para as demais, é permitida a opção pela forma de tributação do lucro que entender mais conveniente.

... existe a necessidade de um controle administrativo e tributário intenso...

[11] O Lucro Arbitrado funciona, em regra, como uma punição para as empresas que não apresentaram a documentação obrigatória.

[12] A escrituração de uma empresa é o conjunto de livros contábeis e fiscais obrigatórios para seu funcionamento, como: Diário, Razão, Livro de ICMS, Livro de ISS etc. A escrituração é feita, geral e atualmente, de forma digital

[13] Ação fiscal é qualquer ação feita por algum agente de órgão federal, estadual ou municipal, na empresa ou sobre a pessoa física.

Mesmo com essa obrigatoriedade, menos de 7% das empresas brasileiras apresentam declaração com utilização do Lucro Real[14].

O Lucro Presumido desconsidera grande parte dos itens envolvidos na determinação do lucro real. Quando de sua utilização, presume-se o lucro da empresa com base em seu faturamento, por meio da aplicação de coeficientes determinados pela legislação.

A tributação com base no Lucro Presumido é a mais utilizada pelas sociedades de médicos. Isso ocorre, basicamente, por quatro motivos:

Empresas optantes pelo Lucro Presumido podem ser dispensadas da escrituração contábil...

1) Quando comparada com o Lucro Real, é uma forma mais simplificada de determinação do lucro. Sua utilização resulta, na maioria das vezes, em menor burocracia e em menores custos com contabilidade. Empresas optantes pelo Lucro Presumido podem ser dispensadas da escrituração contábil, desde que mantenham livro-caixa[15] com toda a movimentação financeira, inclusive a bancária.

2) O Lucro Real é particularmente interessante para empresas que possuem altos custos e despesas como, por exemplo, na aquisição de matérias-primas ou de mercadorias para revenda, na contratação de mão de obra e com depreciação de equipamentos. Quando computados todos esses custos e despesas, tais empresas apresentam, como resultado do exercício, lucros bem

[14] O Apêndice II trata exclusivamente do Lucro Real que, por ser mais complexo, merece uma explicação à parte. Além disso, a separação do tema serve para poupar o leitor, que não precisa se aprofundar no assunto nesse momento.

[15] O livro-caixa, na pessoa física, é uma relação de receitas e despesas necessárias para o exercício da atividade profissional. Na pessoa jurídica, é uma relação de receitas e despesas gerais da atividade, incluindo a movimentação bancária.

pequenos e, muitas vezes, prejuízos. Ora, com lucros pequenos ou com prejuízos, esses contribuintes teriam valores de Imposto de Renda a pagar igualmente bem pequenos ou nulos.

Em geral, uma empresa de médicos não se encaixa nesse perfil de empresa. Quando a receita é resultante basicamente do trabalho do sócio ou dos sócios, não existem muitos outros custos ou despesas a serem considerados (ou esses custos e despesas não são grandes o suficiente para tornar vantajosa a opção pelo Lucro Real).

3) A apuração de duas contribuições – o PIS e a Cofins – é feita, para empresas que estão no Lucro Real, de forma não cumulativa. Isso significa, de maneira muito simplificada, que para cada receita obtida existe um valor a pagar de PIS e outro de Cofins, com alíquotas de 1,65% e 7,6% respectivamente. Entretanto, a empresa pode se creditar de valores relativos a bens e serviços adquiridos e custos e despesas incorridos para a obtenção daquela receita[16]. Empresas que estão no Lucro Presumido recolhem essas contribuições de forma cumulativa, ou seja, com alíquotas de 0,65% e 3% incidentes sobre o faturamento e sem direito a qualquer crédito.

> *... para cada receita obtida existe um valor a pagar de PIS e outro da Cofins...*

[16] A sistemática da não cumulatividade prevê que não ocorra a tributação em cascata, ou seja, que o PIS e a Cofins pagos em etapa anterior sejam aproveitados na etapa atual, na forma de créditos.

Considerando, novamente, que empresas da área de serviços em geral não possuem valores significativos de insumos e de custos/despesas, sendo a receita decorrente fundamentalmente da prestação dos serviços, do próprio profissional ou de contratados, não existirão créditos importantes que reduzam os valores a pagar de PIS e Cofins, tornando menos onerosa, na maioria das vezes, a sistemática cumulativa do cálculo dessas contribuições.

4) Até o final de 2014, as empresas com atividades típicas de profissão regulamentada – incluindo as de profissionais da área médica – estavam impedidas de optar pelo Simples Nacional.

O Simples Nacional é um tratamento tributário favorecido e diferenciado, aplicável às microempresas e empresas de pequeno porte. Consolida os pagamentos de impostos federais, estaduais e municipais e contribuição previdenciária em apenas um recolhimento mensal, determinado com base no faturamento da empresa.

A partir de janeiro de 2015, empresas que exercem as atividades de medicina (inclusive laboratorial e enfermagem), medicina veterinária, odontologia, psicologia, psicanálise, fisioterapia, terapia ocupacional, acupuntura, podologia, fonoaudiologia, clínicas de nutrição e de vacinação e bancos de leite, dentre outras, podem optar por esse regime.

Assim, abordaremos a tributação com base no Lucro Presumido neste capítulo e no Simples Nacional no Capítulo 6, deixando para o Apêndice II uma análise um pouco mais detalhada do Lucro Real. Por não ser aplicável às situações de que trata este livro, não entraremos em maiores detalhes acerca do Lucro Arbitrado.

Abrindo uma empresa

Vamos, agora, imaginar uma nova situação, envolvendo os nossos conhecidos personagens apresentados nos capítulos anteriores. Entendendo que estavam pagando valores bastante altos com impostos, alguns daqueles médicos decidiram estudar a viabilidade de abrir uma empresa. Outros, mesmo achando que esta não é uma boa ideia, pois teriam de contratar um contador e ter novas preocupações, foram forçados a isso para não perder alguns dos convênios por eles atendidos, que passaram a exigir a prestação de serviços por meio de uma pessoa jurídica.

Para o Dr. Alberto e para a Dra. Camila, essa possibilidade nem foi cogitada, porque eles têm como receitas apenas rendimentos provenientes do trabalho assalariado. O Dr. Gustavo, como vimos anteriormente, tem seus rendimentos originários de uma cooperativa de médicos e, consequentemente, recebe os valores referentes às consultas prestadas como pessoa física. Para ele também não é vantajoso abrir uma empresa, porque continuará pagando o Imposto de Renda como pessoa física e, portanto, terá despesas desnecessárias se abrir uma empresa que não terá movimento.

Os médicos Bento, Dagoberto, Eliane, Francisco e Hugo pensaram em abrir, respectivamente, as empresas Bento Ltda., Dagoberto Ltda., Eliane Ltda., Francisco Ltda. e Hugo Ltda. A ideia seria passar a receber todos os valores, que já recebiam como pessoas físicas, na condição de pessoas jurídicas, substituindo os recibos pessoais por notas fiscais ou recibos da nova empresa.

Lucro Presumido

A retenção na fonte

De forma semelhante ao que ocorre nos casos de pagamentos de rendimentos a pessoas físicas, quando uma pessoa jurídica efetua um pagamento a outra pessoa jurídica, também deve proceder a uma retenção na fonte. Contudo, em vez de a retenção ser calculada com a utilização da tabela progressiva, a alíquota do IRRF é fixa. Para o caso de beneficiários que são pessoas jurídicas de serviços de profissão regulamentada, essa alíquota é de 1,5%. Caso o beneficiário seja optante do Simples Nacional, não existe a retenção.

As retenções na fonte seriam as seguintes:

Bento Ltda. não sofreria qualquer retenção, por receber apenas de pacientes particulares.

Dagoberto Ltda. seria tributada em R$ 105,00 (R$ 7.000,00 × 1,5%).

Eliane Ltda. seria tributada na fonte em R$180,00 (R$ 12.000,00 × 1,5%).

Francisco Ltda. também não sofreria retenção por ter rendimentos apenas de pessoas físicas.

E Hugo Ltda. teria retenção de R$ 90,00 (R$ 6.000,00 × 1,5%).

Resumidamente, teríamos:

Empresa	Rendimento recebido (R$)	Retenção na fonte (R$)	Retenção na fonte de pessoa jurídica (trimestre) (R$)
Dagoberto Ltda.	7.000,00	105,00	315,00
Eliane Ltda.	12.000,00	180,00	540,00
Hugo Ltda.	6.000,00	90,00	270,00

O Lucro Presumido é uma forma de apuração simplificada...

A apuração e o recolhimento trimestrais

O Lucro Presumido é uma forma de apuração simplificada (não tanto quanto o Simples, porém bem mais do que a apuração do Lucro Real), na qual o lucro é determinado em função do faturamento, sem levar em conta os custos e as despesas da empresa.

Assim, trimestralmente, nos períodos encerrados em 31 de março, 30 de junho, 30 de setembro e 31 de dezembro de cada ano-calendário, serão levantadas as receitas típicas da operação da empresa. Sobre o total dessas receitas, será aplicado um coeficiente, que varia entre 1,6% e 32%[17], sendo que, para atividades de prestação de serviços hospitalares, o coeficiente é de 8% e, para as prestadoras de serviços em geral, o coeficiente aplicável é de 32%. Apenas isso! Presume-se que o lucro operacional foi o resultado desse percentual aplicado sobre uma receita.

A esse lucro devemos somar os eventuais resultados de outras operações do período como, por exemplo, os rendimentos de aplicações financeiras e de aluguéis. Com isso, teremos a base sobre a qual será calculado o Imposto de Renda. A atual alíquota de imposto é de 15%, com adicional de 10% sobre o valor do lucro que exceder a quantia de R$ 60.000,00 no trimestre.

[17] Os critérios para essa variação dependem do tipo da receita auferida. Nos casos das empresas da área médica, as alíquotas possíveis são de 8% e 32%.

Para calcular o saldo de imposto a pagar, basta subtrair do valor devido o que já foi eventualmente retido pelas fontes pagadoras ou pago pelo contribuinte.

O Imposto de Renda devido por cada uma das empresas de nosso exemplo seria o descrito na tabela abaixo.

Empresa	Receita do trimestre (R$)	Lucro presumido (32%) (R$)
Bento Ltda.	60.000,00	19.200,00
Dagoberto Ltda.	30.000,00	9.600,00
Eliane Ltda.	36.000,00	11.520,00
Francisco Ltda.	60.000,00	19.200,00
Hugo Ltda.	18.000,00	5.760,00

Imposto devido (15%) (R$)	Adicional (R$)	Retenção na fonte (R$)	Imposto a pagar/trimestral (R$)
2.880,00	0	0	2.880,00
1.440,00	0	315,00	1.125,00
1.728,00	0	540,00	1.188,00
2.880,00	0	0	2.880,00
864,00	0	270,00	594,00

O total de Imposto de Renda anual retido/pago para cada uma dessas empresas seria:

Empresa	Imposto de Renda trimestral (R$)	Imposto de Renda total anual (R$)
Bento Ltda.	2.880,00	11.520,00
Dagoberto Ltda.	1.440,00	5.760,00
Eliane Ltda.	1.728,00	6.912,00
Francisco Ltda.	2.880,00	11.520,00
Hugo Ltda.	864,00	3.456,00

Atenção para os fatos:

- A receita trimestral inclui os recebimentos de pessoas físicas e jurídicas em três meses.

- O Lucro Presumido é calculado utilizando-se a fórmula: receita trimestral × 32%.

- O imposto devido é calculado por meio da fórmula: lucro presumido × 15%.

- O adicional será calculado quando o lucro trimestral for maior que R$ 60.000,00, o que não ocorreu em nenhum dos presentes casos. Na parcela que ultrapassar esse valor, aplicar-se-á a alíquota de 10%.

- As retenções foram determinadas no item anterior.

- O imposto a pagar a cada trimestre é calculado a partir da fórmula: imposto devido – retenção.

- O Imposto de Renda total anual foi considerado da seguinte forma: Imposto de Renda trimestral × 4.

MINISTÉRIO DA FAZENDA	**02** PERÍODO DE APURAÇÃO	31/03/2015
SECRETARIA DA RECEITA FEDERAL	**03** NÚMERO DO CPF OU CNPJ	77.777.777/0001-77
Documento de Arrecadação de Receitas Federais **DARF**	**04** CÓDIGO DA RECEITA	2089
01 NOME/TELEFONE	**05** NÚMERO DE REFERÊNCIA	
BENTO LTDA	**06** DATA DE VENCIMENTO	30/04/2015
(11) 7777-7777	**07** VALOR DO PRINCIPAL	2.880,00
	08 VALOR DA MULTA	
ATENÇÃO	**09** VALOR DOS JUROS E/OU ENCARGOS DL - 1.025/89	
É vedado o recolhimento de tributos e contribuições administrados pela Secretaria da Receita Federal cujo valor total seja inferior a R$ 10,00. Ocorrendo tal situação, adicione esse valor ao tributo/contribuição de mesmo código de períodos subseqüentes, até que o total seja igual ou superior a R$ 10,00.	**10** VALOR TOTAL	2.880,00
	11 AUTENTICAÇÃO BANCÁRIA (Somente nas 1ª e 2ª vias)	

Fig. 4 – Modelo de recolhimento de IRPJ.

Em resumo

A apuração e o consequente recolhimento do Imposto de Renda na sistemática do Lucro Presumido se dá trimestralmente. A base de cálculo para empresas prestadoras de serviços em geral corresponde a 32% do faturamento da empresa. Sobre essa base de cálculo, é aplicada a alíquota de 15% para determinação do valor a pagar. Existe ainda um adicional de Imposto de Renda de 10% sobre o valor do lucro trimestral que exceder R$ 60.000,00.

A Contribuição Social sobre o Lucro Líquido (CSLL)

A base de cálculo da Contribuição Social para atividades de prestação de serviços em geral corresponde a 32% da receita bruta (12% para atividades de prestação de serviços hospitalares), acrescida das outras receitas do período, como rendimentos de aplicações financeiras, aluguéis e outras. Sobre essa base de cálculo, é aplicada a alíquota de 9%. A apuração, da mesma forma que o Imposto de Renda, é trimestral.

As empresas que estamos acompanhando teriam, assim, os seguintes valores a pagar:

Empresa	Receita trimestre (R$)	Base de cálculo (R$)	Contribuição Social devida/trimestral (R$)	Contribuição Social devida/anual (R$)
Bento Ltda.	60.000,00	19.200,00	1.728,00	6.912,00
Dagoberto Ltda.	30.000,00	9.600,00	864,00	3.456,00
Eliane Ltda.	36.000,00	11.520,00	1.036,80	4.147,20
Francisco Ltda.	60.000,00	19.200,00	1.728,00	6.912,00
Hugo Ltda.	18.000,00	5.760,00	518,40	2.073,60

Atenção para os fatos:

- A receita trimestral inclui os recebimentos de pessoas físicas e jurídicas em três meses.

- A base de cálculo é definida utilizando-se a seguinte fórmula: receita trimestral × 32%.

- A Contribuição Social devida é calculada por meio da seguinte fórmula: base de cálculo × 9%.

- A Contribuição Social devida/anual foi considerada da seguinte forma: Contribuição Social devida/trimestral × 4.

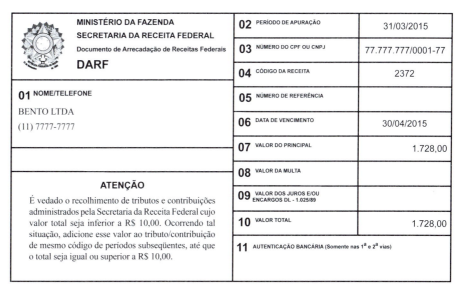

Fig. 5 – Modelo de recolhimento de CSLL.

A Contribuição para o Financiamento da Seguridade Social (Cofins)

A Cofins, para as pessoas jurídicas optantes pelo Lucro Presumido, incide mensalmente sobre o faturamento, incluindo a totalidade das receitas auferidas (receitas da prestação de serviços, rendimentos de aplicações financeiras, aluguéis e outras), com alíquota de 3%.

A Cofins devida por nossas empresas seria:

Empresa	Receita mensal (R$)	Alíquota (%)	Cofins devida (R$)	Cofins devida/anual (R$)
Bento Ltda.	20.000,00	3	600,00	7.200,00
Dagoberto Ltda.	10.000,00	3	300,00	3.600,00
Eliane Ltda.	12.000,00	3	360,00	4.320,00
Francisco Ltda.	20.000,00	3	600,00	7.200,00
Hugo Ltda.	6.000,00	3	180,00	2.160,00

	MINISTÉRIO DA FAZENDA **SECRETARIA DA RECEITA FEDERAL** Documento de Arrecadação de Receitas Federais **DARF**	**02** PERÍODO DE APURAÇÃO	31/01/2015
		03 NÚMERO DO CPF OU CNPJ	77.777.777/0001-77
		04 CÓDIGO DA RECEITA	2172
01 NOME/TELEFONE BENTO LTDA (11) 7777-7777		**05** NÚMERO DE REFERÊNCIA	
		06 DATA DE VENCIMENTO	25/02/2015
		07 VALOR DO PRINCIPAL	600,00
		08 VALOR DA MULTA	
ATENÇÃO É vedado o recolhimento de tributos e contribuições administrados pela Secretaria da Receita Federal cujo valor total seja inferior a R$ 10,00. Ocorrendo tal situação, adicione esse valor ao tributo/contribuição de mesmo código de períodos subseqüentes, até que o total seja igual ou superior a R$ 10,00.		**09** VALOR DOS JUROS E/OU ENCARGOS DL - 1.025/89	
		10 VALOR TOTAL	600,00
		11 AUTENTICAÇÃO BANCÁRIA (Somente nas 1ª e 2ª vias)	

Fig. 6 – Modelo de recolhimento para Cofins.

A Declaração Integrada de Informações Econômico-Fiscais da Pessoa Jurídica (DIPJ) e a Declaração de Débitos e Créditos Tributários Federais (DCTF)

Independentemente do período de apuração utilizado para o cálculo do imposto (que, no caso do Lucro Presumido, é trimestral), as pessoas jurídicas não optantes pelo Simples devem anualmente entregar a declaração de rendimentos relativa ao período compreendido entre 1º de janeiro e 31 de dezembro. É a Declaração Integrada de Informações Econômico-Fiscais da Pessoa Jurídica (DIPJ).

A DIPJ atualmente tem função meramente informativa. Empresas de Lucro Presumido que efetuaram corretamente os recolhimentos durante o ano não terão, com a apresentação dessa declaração, diferença de imposto a pagar ou a restituir.

Diferentemente da DIPJ, a Declaração de Débitos e Créditos Tributários Federais Mensal (DCTF Mensal) constitui confissão de dívida e deve ser apresentada mensalmente. Nela estarão discriminados, dentre outros, os valores de Imposto de Renda, de Contribuição Social sobre o Lucro Líquido, de Cofins e PIS devidos pela empresa e calculados conforme itens anteriores.

Tanto a DIPJ quanto a DCTF são declarações obrigatórias. O atraso ou a falta de entrega acarreta multa.

A distribuição de lucros aos sócios

Este é um assunto relativo às pessoas jurídicas que interessa bastante aos profissionais de saúde que decidiram abrir uma empresa: a maneira como é feita a distribuição de lucros para as pessoas físicas dos sócios.

Quando o rendimento é da própria pessoa física, não existem dúvidas. Cada receita entrará na declaração como rendimento tributável, existirão as deduções, e o resultado, depois de oferecido à tributação, é o valor que foi utilizado pelo profissional e seus dependentes para viver, pagar suas contas e aumentar seu patrimônio. Os recursos para a compra do carro novo e do apartamento na praia estão, assim, justificados.

Diversamente, quando a contabilização dos rendimentos se dá na pessoa jurídica, a origem para o aumento patrimonial dos sócios não fica imediatamente esclarecida. Nesse caso, haverá uma transferência dos resultados da pessoa jurídica para a pessoa física. Independentemente da opção entre o modelo simplificado ou completo, existe uma linha na Declaração de Ajuste Anual da pessoa física denominada Rendimentos Isentos e Não Tributáveis. Para esse campo serão transportados os lucros oriundos da pessoa jurídica que, como já foram tributados na empresa, não estarão mais sujeitos ao pagamento de impostos.

Conforme já visto, no Lucro Presumido presume-se o lucro apenas em função das receitas, sem considerar os custos e despesas. Para empresas de serviços em geral, o coeficiente

> *Quando o rendimento é da própria pessoa física, não existem dúvidas.*

> *... no Lucro Presumido presume-se o lucro apenas em função das receitas...*

aplicável é de 32%. A legislação permite a distribuição desse lucro presumido, descontado dos valores pagos a título de Imposto de Renda, Contribuição Social sobre o Lucro Líquido, Cofins e PIS, sem a incidência de qualquer tributação.

Assim, os valores que poderiam ser distribuídos anualmente aos sócios das empresas que estamos acompanhando são os seguintes:

	Bento Ltda. (R$)	Dagoberto Ltda. (R$)	Eliane Ltda. (R$)	Francisco Ltda. (R$)	Hugo Ltda. (R$)
Lucro presumido trimestral	19.200,00	9.600,00	11.520,00	19.200,00	5.760,00
Lucro presumido anual	76.800,00	38.400,00	46.080,00	76.800,00	23.040,00
(–) Imposto de Renda anual	11.520,00	5.760,00	6.912,00	11.520,00	3.456,00
(–) Contribuição Social anual	6.912,00	3.456,00	4.147,20	6.912,00	2.073,60
(–) Cofins anual	7.200,00	3.600,00	4.320,00	7.200,00	2.160,00
(–) PIS anual	1.560,00	780,00	936,00	1.560,00	468,00
Lucro isento a distribuir	49.608,00	24.804,00	29.764,80	49.608,00	14.882,40

Muito interessante, porém, é outra possibilidade oferecida pela legislação. Já salientamos que empresas optantes pelo Lucro Presumido estão dispensadas da escrituração contábil, desde que mantenham livro-caixa com toda a movimentação financeira, inclusive a bancária. Se a empresa não utilizar essa facilidade e mantiver a escrituração contábil, ela pode apresentar um lucro efetivo maior que o lucro presumido. Esse lucro efetivo, comprovado por meio da escrituração, pode ser igualmente distribuído aos sócios sem qualquer tributação, mesmo que na empresa os impostos tenham sido pagos apenas com base no lucro presumido.

Esse lucro efetivo, comprovado por meio da escrituração, pode ser igualmente distribuído aos sócios sem qualquer tributação...

Se, por exemplo, a empresa Bento Ltda. apresentar em seus livros contábeis, com o mesmo faturamento anual de R$ 240.000,00, um lucro de R$ 120.000,00, ela poderá distribuir aos sócios esse lucro com isenção de impostos. Supondo que o Dr. Bento tenha uma participação de 99% na empresa, ele terá um rendimento isento de R$ 118.800,00 (R$ 120.000,00 × 99%) em sua Declaração de Ajuste Anual.

Em resumo

O lucro obtido pela pessoa jurídica pode ser distribuído aos sócios como rendimento isento, livre de qualquer tributação. Para empresas optantes pelo Lucro Presumido, o valor a ser distribuído corresponde ao próprio Lucro Presumido descontado dos valores de Imposto de Renda, Contribuição Social, PIS e Cofins. No caso de manutenção de escrituração contábil, o valor passível de distribuição passa a ser o lucro efetivo contabilizado, o que pode representar grande benefício para os sócios.

Capítulo 4

A Contribuição Previdenciária ao INSS

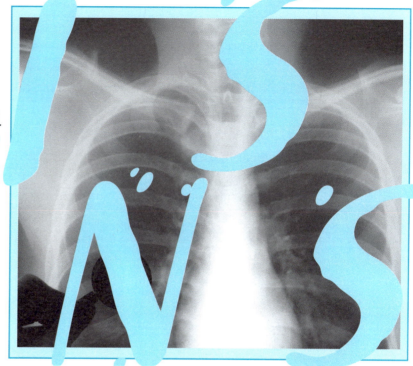

A contribuição ao Instituto Nacional do Seguro Social (INSS) é obrigatória tanto no caso de pessoas físicas quanto de pessoas jurídicas. Em ambas as situações, a contribuição é determinada em função dos rendimentos auferidos por cada contribuinte (na qualidade de empregado, autônomo ou sócio, conforme o caso) e é calculada com a utilização das tabelas daquele órgão, conforme os valores dos rendimentos.

A alíquota incidente no caso de profissionais autônomos – contribuintes individuais – é de 20% do valor dos rendimentos, limitados ao teto da Previdência, que atualmente é de R$ 4.390,24. Quando os serviços são prestados a pessoas jurídicas, existe uma retenção de 11% sobre o valor dos rendimentos pagos (também limitados ao teto) e, nesse caso, a empresa deverá recolher, ainda, contribuição à alíquota de 20% (este é um dos principais motivos pelos quais diversos convênios insistem em só credenciar profissionais na qualidade de pessoas jurídicas).

Quando os serviços são prestados para cooperativas de trabalho, a retenção efetuada pela cooperativa será de 11% ou de 20%, conforme os serviços tenham sido prestados para pessoas jurídicas ou para pessoas físicas, respectivamente. Assim, se, por exemplo, um médico atende um paciente que tenha o plano de saúde da Unimed, ele sofrerá retenção de 11% se o plano desse paciente for vinculado a uma empresa. No caso de ser um plano particular, o desconto será de 20%.

Empregados de empresas estão igualmente sujeitos a uma retenção máxima de 11%, limitada ao teto de R$ 4.390,24, conforme tabela do INSS, e os funcionários públicos ainda contribuem, em sua maioria, para a Previdência Pública com 11% de seus salários, sem teto de contribuição (funcionários públicos contratados nos últimos anos contribuem de forma semelhante aos da iniciativa privada).

Profissionais que prestam serviços para diversos convênios e empresas devem, contudo, atentar para um aspecto relativo às retenções: como existe um teto de contribuição, devem ser retidos valores até o limite de R$ 482,93 (referente a 11% do valor máximo). É o próprio profissional que deve

Empregados de empresas estão igualmente sujeitos a uma retenção máxima de 11%...

Salário de contribuição (R$)	Alíquota (%)
Até 1.317,07	8
De 1.317,08 a 2.195,12	9
De 2.195,13 a 4.390,24	11
Empregador	12

estar atento a esse fato e informá-lo às empresas para as quais presta serviços. Se, por exemplo, em uma empresa já houve a retenção desse valor, tal fato deve ser comunicado às outras fontes pagadoras, para evitar descontos indevidos.

Sem esse cuidado, todas as fontes de renda efetuariam a retenção de 11% dos rendimentos pagos, podendo ocorrer uma tributação excessiva.

As contribuições previdenciárias suportadas por nossos personagens enquanto pessoas físicas já foram consideradas nos tópicos relativos a Retenção na Fonte, carnê-leão e Declaração de Ajuste Anual. Mas veja o resumo a seguir:

Profissional	Contribuição previdenciária mensal (R$)	Contribuição previdenciária anual (R$)
Dr. Alberto	660,00	7.920,00
Dr. Bento	878,05	10.536,58
Dra. Camila	482,93	5.795,16
Dr. Dagoberto	482,93	5.795,16
Dra. Eliane	482,93	5.795,16
Dr. Francisco	878,05	10.536,28
Dr. Gustavo	482,93	5.795,16
Dr. Hugo	482,93	5.795,16

Além desses valores, como pessoas físicas precisam recolher, também, a cota patronal de 12% relativa aos seus empregados – no caso, suas secretárias (considerando que os Drs. Dagoberto, Eliane, Gustavo e Hugo dividam os custos com outro colega). Os valores devidos estão discriminados abaixo:

Profissional	Salário Secretária (R$)	Contribuição previdenciária mensal (R$)	Contribuição previdenciária anual (R$)
Dr. Alberto	0,00	0,00	0,00
Dr. Bento	1.500,00	180,00	2.160,00
Dra. Camila	0,00	0,00	0,00
Dr. Dagoberto	750,00	90,00	1.080,00
Dra. Eliane	750,00	90,00	1.080,00
Dr. Francisco	1.500,00	180,00	2.160,00
Dr. Gustavo	750,00	90,00	1.080,00
Dr. Hugo	750,00	90,00	1.080,00

No caso de sócios de empresas, existirá também uma contribuição do sócio de 11% sobre os valores referentes a pró-labores percebidos mensalmente, além de uma contribuição da empresa de 20% sobre este valor.

Considerando que os salários de contribuição dos médicos Bento, Dagoberto e Francisco são de R$ 1.800,00 e que o da Dra. Eliane e o do Dr. Hugo são de R$ 1.200,00, os valores devidos são os seguintes:

Empresa	Contribuição mensal do sócio (R$)	Contribuição mensal da empresa (R$)	Contribuição mensal total (R$)	Total (R$)
Bento Ltda.	198,00	360,00	558,00	6.696,00
Dagoberto Ltda.	198,00	360,00	558,00	6.696,00
Eliane Ltda.	132,00	240,00	372,00	4.464,00
Francisco Ltda.	198,00	360,00	558,00	6.696,00
Hugo Ltda.	132,00	240,00	372,00	4.464,00

Finalmente, as empresas teriam de recolher a cota patronal de 20% sobre os salários de seus empregados:

Empresa	Salário secretária (R$)	Contribuição mensal da empresa (R$)	Contribuição anual da empresa (R$)
Bento Ltda.	0,00	0,00	0,00
Dagoberto Ltda.	750,00	150,00	1.800,00
Eliane Ltda.	750,00	150,00	1.800,00
Francisco Ltda.	1.500,00	300,00	3.600,00
Hugo Ltda.	750,00	150,00	1.800,00

Capítulo 5

O Imposto Sobre Serviços (ISS) e outras taxas municipais

[18] No Apêndice III, temos uma análise bastante detalhada, elaborada pelo diretor da Divisão de Fiscalização de Serviços da Secretaria de Finanças da Prefeitura do Município de São Paulo – Celso Giannasi – sobre o ISS na cidade de São Paulo.

Além dos tributos federais, incidem sobre pessoas físicas e pessoas jurídicas outros impostos e taxas cobrados pelos governos estadual e municipal. Não entraremos em detalhes relativos a esses dispêndios porque eles são diferentes em cada cidade e em cada estado do país[18]. Mas, como no próximo capítulo teremos uma comparação entre a carga tributária incidente sobre a pessoa física e a incidente sobre a pessoa jurídica na área da saúde, faremos agora uma consideração, utilizando os valores cobrados pela Prefeitura da cidade de São Paulo:

- O ISS para uma sociedade de profissionais com dois sócios é de R$ 164,28 por trimestre (R$ 657,12 ao ano).

Desde 2009, os profissionais liberais e autônomos estão isentos do ISS.

- Os profissionais da área médica – seja no caso de pessoa física ou no de pessoa jurídica, ainda que optante pelo Simples – estão sujeitos à Taxa de Fiscalização de Estabelecimentos (TFE, com valor anual de R$ 121,80), à Taxa de Fiscalização de Anúncios (TFA, com valor anual de R$ 187,05) e à Taxa de Resíduos Sólidos de Saúde (TRSS, com valor anual de R$ 985,92 para geração de lixo de até 50 quilogramas por dia).

Capítulo 6

O Simples Nacional

Como já mencionado, a partir de janeiro de 2015 pessoas jurídicas que exercem atividades típicas de profissões regulamentadas – incluindo as da área médica – podem optar pela tributação com base no Simples Nacional (ou Supersimples). A única restrição é que a receita bruta anual da empresa não seja superior a R$ 3.600.000,00. Se o faturamento anual for superior a esse valor, a empresa não poderá permanecer no Simples Nacional no ano seguinte.

Ressalte-se que, particularmente para empresas que exercem atividades de fisioterapia, aplica-se outra tabela, com alíquotas menores.

Os valores relativos ao Simples Nacional das empresas que estamos acompanhando seriam:

Empresa	Receita mensal (R$)	Receita em 12 meses (R$)	Alíquota aplicável (%)
Bento Ltda.	20.000,00	240.000,00	17,72
Dagoberto Ltda.	10.000,00	120.000,00	16,93
Eliane Ltda.	12.000,00	144.000,00	16,93
Francisco Ltda.	20.000,00	240.000,00	17,72
Hugo Ltda.	6.000,00	72.000,00	16,93

Empresa	Receita mensal (%)	Alíquota (%)	Simples devido mensal (R$)	Simples anual (R$)
Bento Ltda.	20.000,00	17,72	3.544,00	42.528,00
Dagoberto Ltda.	10.000,00	16,93	1.693,00	20.316,00
Eliane Ltda.	12.000,00	16,93	2.031,60	24.379,20
Francisco Ltda.	20.000,00	17,72	3.544,00	42.528,00
Hugo Ltda.	6.000,00	16,93	1.015,80	12.189,60

Capítulo 7

Simples Nacional ou Lucro Presumido?

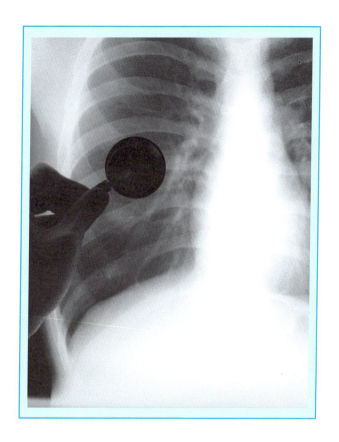

A forma de tributação é uma opção do próprio contribuinte. A opção deverá ser feita antes do início de cada ano-calendário e será definitiva para todo o ano. Assim, é importante que exista um planejamento prévio, de forma que a melhor escolha possa ser feita tempestivamente.

Para cada caso, existe uma forma de tributação que resulta em uma menor carga tributária.

Nos casos das cinco empresas que estamos acompanhando, os tributos e contribuições devidos podem ser resumidos nas tabelas a seguir.

Empresa	Lucro Presumido						
	IRPJ (R$)	Contribuição Social (R$)	PIS (R$)	Cofins (R$)	Contribuição previdenciária (R$)	ISS (R$)	Total (R$)
					Cota Patronal		
Bento Ltda.	11.520,00	6.912,00	1.560,00	7.200,00	4.320,00	657,12	32.169,12
Dagoberto Ltda.	5.760,00	3.456,00	780,00	3.600,00	6.120,00	657,12	20.373,12
Eliane Ltda.	6.912,00	4.147,20	936,00	4.320,00	4.680,00	657,12	21.652,32
Francisco Ltda.	11.520,00	6.912,00	1.520,00	7.200,00	7.920,00	657,12	35.729,12
Hugo Ltda.	3.456,00	2.073,60	468,00	2.160,00	4.680,00	657,12	13.494,72

Empresa	Simples Nacional (inclui o IRPJ, Contribuição Social, PIS, Cofins, contribuição previdenciária – Cota Patronal e ISS) (R$)
Bento Ltda.	42.528,00
Dagoberto Ltda.	20.316,00
Eliane Ltda.	24.379,20
Francisco Ltda.	42.528,00
Hugo Ltda.	12.189,60

Assim, caso o Dr. Bento, Dra. Eliane e o Dr. Francisco decidam abrir uma empresa, deverão optar pelo Lucro Presumido. Já para o Dr. Dagoberto e o Dr. Hugo, a opção pelo Simples Nacional é mais vantajosa.

Em uma análise bastante simplificada, podemos constatar que para profissionais que exercem sua atividade de forma pessoal, a opção pelo Lucro Presumido tende a ser mais interessante para os profissionais com maiores rendimentos, enquanto a opção pelo Simples Nacional acaba sendo vantajosa para aqueles que, proporcionalmente, têm maiores gastos com secretárias ou outros funcionários.

Observe que:

Em nossos exemplos, estamos tratando de profissionais que exercem as atividades de maneira direta e pessoal, apenas com uma secretária para ajudá-los na parte administrativa. **Quando os profissionais adquirem o caráter de empresários**, contudo, passando a contratar terceiros para desenvolverem trabalhos na empresa, o ISS passa a incidir de outra forma, sendo aplicada uma alíquota de 2% sobre toda a receita. A cota patronal de Contribuição Previdenciária também se torna maior com uma quantidade maior de empregados. **Nesse contexto, a opção pelo Simples Nacional tende a ser, na maioria das vezes, bastante vantajosa.**

Capítulo 8

Vale a pena abrir uma empresa?

Podemos, agora, montar uma tabela final, com todos os tributos incidentes sobre a pessoa física e a pessoa jurídica. Assim vamos verificar, de acordo com as características de nossos personagens, se a abertura de uma empresa é ou não vantajosa.

Pessoas físicas

	Dr. Bento (R$)	Dr. Dagoberto (R$)	Dra. Eliane (R$)	Dr. Francisco (R$)	Dr. Hugo (R$)
Imposto de Renda devido	38.233,26	13.946,89	16.276,77	28.722,87	3.113,71
INSS	10.536,60	5.795,16	5.795,16	10.536,60	5.795,16
Taxas Municipais	1.294,77	1.294,77	1.294,77	1.294,77	1.294,77
Total	**50.064,63**	**21.036,82**	**23.366,70**	**40.554,24**	**10.203,64**

Pessoas jurídicas

	Bento Ltda. (R$)	Dagoberto Ltda. (R$)	Eliane Ltda. (R$)	Francisco Ltda. (R$)	Hugo Ltda. (R$)
Imposto de Renda	11.520,00		6.912,00	11.520,00	
Contribuição Social	6.912,00		4.147,20	6.912,00	
PIS	1.560,00	20.316,00 (Simples Nacional)	936,00	1.560,00	12.189,60 (Simples Nacional)
Cofins	7.200,00		4.320,00	7.200,00	
INSS – Cota Patronal	4.320,00		4.680,00	7.920,00	
ISS	657,12		657,12	657,12	
INSS – Cota Sócio – Pró-Labore	2.376,00	2.376,00	1.584,00	2.376,00	1.584,00
Taxas Municipais	1.294,77	1.294,77	1.294,77	1.294,77	1.294,77
Total	**35.839,89**	**23.986,77**	**24.531,09**	**39.439,89**	**15.068,37**

Os valores consolidados são:

Pessoa física	Encargos totais (R$)	Pessoa jurídica	Encargos totais (R$)
Dr. Bento	50.064,63	Bento Ltda.	35.839,89
Dr. Dagoberto	21.036,82	Dagoberto Ltda.	23.986.77
Dra. Eliane	23.366,70	Eliane Ltda.	24.531,09
Dr. Francisco	40.544,24	Francisco Ltda.	39.439,89
Dr. Hugo	10.203,64	Hugo Ltda.	15.068,37

No exemplo de nossos cinco personagens que pensaram em abrir uma empresa, haveria economia nos casos dos médicos Bento e Francisco. Para os médicos Dagoberto, Eliane e Hugo, a opção mais vantajosa seria oferecer os rendimentos na condição de pessoa física.

Isso demonstra que não existe uma regra geral que possa definir qual a melhor opção para todos os profissionais, já que, conforme foi visto até aqui, os cálculos de tributos envolvem situações específicas e singulares, como: quantidade de dependentes, despesas com instrução, livro-caixa, despesas médicas, renda total.

Existem, no entanto, indícios que podem apontar para a situação mais vantajosa. Podemos citar dois deles como os mais importantes, na maioria dos casos:

1) Quanto maiores os rendimentos, maior a possibilidade da opção de se abrir uma empresa se mostrar a mais acertada.

2) Quanto maiores as despesas necessárias para o exercício, menor a possibilidade da opção de se abrir uma empresa se mostrar a mais acertada.

Existiria, ainda, para as Pessoas Jurídicas, a possibilidade da opção pelo Lucro Real. Entendemos, porém, que a opção pelo Lucro Real só pode começar a ser aventada para aquelas empresas que possuem despesas e custos de, no mínimo, 60% do faturamento. Para uma relação menor do que essa, a opção pelo Lucro Presumido ou Simples Nacional continua sendo a mais indicada.

Quarta-feira, 14 de janeiro de 2015. O Dr. Bento inicia mais um dia de trabalho em seu consultório. Sua rotina prossegue da mesma forma, mas agora ele tem uma compreensão muito mais abrangente dos aspectos tributários de sua vida profissional...

Para uma relação menor do que essa, a opção pelo Lucro Presumido ou Simples Nacional continua sendo a mais indicada.

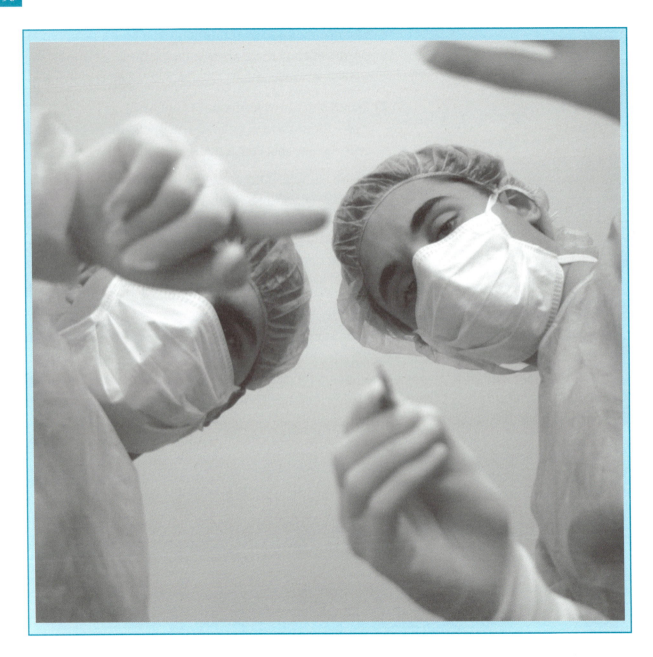

Apêndice I

Informações complementares para a declaração de IR

Além dos rendimentos tributáveis recebidos pelo titular e por seus dependentes, das deduções e dos valores retidos e recolhidos durante o ano, que são os elementos que determinam o saldo de imposto a pagar ou a restituir, a Declaração de Ajuste Anual, seja no modelo completo ou no simplificado, possui outros grupos de informações que complementam a visão do que foi a vida fiscal de cada contribuinte durante o exercício. Esses grupos são:

Rendimentos isentos e não tributáveis

No modelo completo, os rendimentos isentos e não tributáveis devem ser discriminados. No simplificado, será informado apenas o total deles, em uma linha. São rendimentos isentos e não tributáveis, dentre outros: indenizações por rescisão de contrato de trabalho, lucro na alienação de bens e/ou direitos de pequeno valor ou do único imóvel, lucros e dividendos distribuídos, parcela isenta de proventos de aposentadoria (para declarantes com mais de 65 anos), proventos de aposentadoria, pensão ou reforma por moléstia grave, rendimentos de cadernetas de poupança, doações e heranças.

Merecem destaque os campos relativos a:

1. Lucros e dividendos distribuídos: nessa linha, serão informados os lucros recebidos de empresas das quais o contribuinte é sócio, tratados no Capítulo 3.

2. Lucro na alienação de bens e/ou direitos de pequeno valor ou do único imóvel: são informados os lucros provenientes da alienação de bens e/ou direitos de valor de alienação igual ou inferior a R$ 35.000,00. No caso de alienação de diversos bens ou de um conjunto de direitos da mesma natureza, o limite de R$ 35.000,00 deve ser observado mensalmente. Assim, se um contribuinte vender por R$ 20.000,00 um terreno que constava em sua declaração por R$ 10.000,00, não estará sujeito a tributação do ganho de capital de R$ 10.000,00. Mas, se vender por R$ 18.000,00 outro terreno também declarado por R$ 10.000,00 durante o mesmo mês, deverá tributar, na forma de ganho de capital, o lucro de R$ 10.000,00 obtido na primeira transação e mais o lucro de R$ 8.000,00 obtido na segunda, pagando R$ 2.700,00 de imposto (R$ 18.000,00 × 15%). É isenta, ainda, a alienação do único imóvel que o titular possua, desde que tenha valor de alienação de até R$ 440.000,00 e não exista outra alienação de imóvel nos últimos cinco anos.

Rendimentos sujeitos a tributação exclusiva/definitiva

Os principais rendimentos sujeitos a tributação exclusiva/definitiva são os rendimentos de aplicações financeiras, os ganhos líquidos em renda variável (bolsas de valores, de mercadorias, de futuros e assemelhadas), o décimo terceiro salário e os ganhos de capital na alienação de bens e/ou direitos. As características desses rendimentos, como o próprio nome diz, é que não serão computados na base de cálculo dos demais rendimentos tributáveis, sendo submetidos à tributação separadamente deles.

A Receita Federal disponibiliza, em sua página, programas específicos que calculam os valores devidos em cada operação que apresentar ganho de capital. Os valores dos rendimentos são transportados automaticamente para a Declaração de Ajuste Anual. O mesmo ocorre com os ganhos em renda variável. Os rendimentos de aplicações financeiras e o décimo terceiro salário são informados pelas respectivas fontes pagadoras e devem ser informados na declaração pelo próprio contribuinte.

Dívidas e ônus reais

Nesse campo, são informados todas as dívidas e todos os ônus reais, como: valores devidos de financiamentos, empréstimos, saldos negativos de contas correntes etc. São informados os totais de dívidas e ônus reais nos dias 31 de dezembro do ano anterior e no dia 31 de dezembro do ano que está sendo declarado.

Informações do cônjuge

Para esse campo, são transportados os valores constantes da declaração do cônjuge, quando são apresentadas declarações separadamente e quando os bens comuns estão informados nessa declaração. As informações importadas são: base de cálculo do imposto, total de imposto pago, rendimentos isentos e não tributáveis e rendimentos sujeitos a tributação exclusiva. A base de cálculo do imposto, subtraída do total de imposto pago e acrescida dos rendimentos isentos e não tributáveis e dos rendimentos sujeitos a tributação exclusiva, será o valor considerado como resultado líquido, que servirá, inclusive, para justificar eventual aumento patrimonial na declaração.

Pagamentos e doações efetuados

Nesse quadro, são informados:

a) Todos os pagamentos e doações efetuados a pessoas físicas, como pensão judicial, aluguéis, arrendamento rural, instrução, pagamentos a profissionais autônomos (médicos, dentistas, psicólogos, advogados, engenheiros, arquitetos, corretores, professores, mecânicos etc.).

b) Todos os pagamentos e doações efetuados a pessoas jurídicas, quando constituam dedução na declaração.

Declaração de bens e direitos

Nesse quadro, são informados os bens e direitos do contribuinte e de seus dependentes, com valores em reais, nos dias 31 de dezembro do ano anterior e no dia 31 de dezembro do ano que está sendo declarado. Devem constar, nesses campos, os valores de aquisição, que serão considerados custos dos bens e direitos. Isso significa que um bem adquirido por R$ 80.000,00 constará na declaração por esse valor, mesmo que o preço de mercado seja outro.

A diferença entre o total de bens no dia 31 de dezembro do ano declarado e o total de bens no dia 31 de dezembro do ano anterior reflete a evolução patrimonial do contribuinte.

O correto preenchimento de todos os dados na declaração é muito importante para evitar inconsistências que podem fazer a declaração cair em "programas de malha" da Receita Federal. Quando a evolução patrimonial for positiva (significando que houve um aumento no patrimônio total no período de um ano), ela deve ser compatível com os outros dados informados na declaração.

Assim, a somatória das disponibilidades no ano (rendimentos tributáveis + rendimentos isentos e não tributáveis + rendimentos de tributação exclusiva/definitiva + resultado das informações do cônjuge + aumento de dívidas e ônus reais), descontada do total de desembolsos informados na declaração (deduções + outros pagamentos e doações efetuados não incluídos nas deduções + imposto pago/retido + diminuição de dívidas e ônus reais) deve ser suficiente para, no mínimo, justificar as despesas do titular e dos dependentes durante o ano e o eventual aumento de patrimônio no exercício.

Exemplificando:

	Declaração A	Declaração B
Rendimentos tributáveis (1)	R$ 120.000	R$ 120.000
Rendimentos isentos e não tributáveis (2)	R$ 20.000	R$ 20.000
Rendimento de tributação exclusiva/definitiva (3)	R$ 5.000	R$ 5.000
Informações do cônjuge (4)	R$ 20.000	R$ 20.000
Dívidas e ônus reais (5)	31/12/2014: R$ 2.000 31/12/2015: R$ 5.000 (Aumento de R$ 3.000)	31/12/2014: R$ 2.000 31/12/2015: R$ 5.000 (Aumento de R$ 3.000)
Total disponibilidades (1+2+3+4+5)	**R$ 168.000**	**R$ 168.000**
Deduções (6)	R$ 20.000	R$ 20.000
Outros pagamentos e doações (7)	R$ 20.000	R$ 20.000
Imposto pago/retido (8)	R$ 10.000	R$ 10.000
Total desembolsos (6+7+8)	**R$ 50.000**	**R$ 50.000**
Disponibilidades – desembolsos	**R$ 118.000**	**R$ 118.000**
Evolução patrimonial	31/12/2014: R$ 500.000 31/12/2015: R$ 630.000 (Aumento de R$ 130.000)	31/12/2014: R$ 500.000 31/12/2015: R$ 530.000 (Aumento de R$ 30.000)
Análise da declaração	Evolução de patrimônio incompatível	Evolução de patrimônio compatível

A declaração A apresentou uma evolução patrimonial incompatível porque não é possível que com R$ 118.000,00, diferença entre as disponibilidades e os desembolsos do contribuinte, possa ocorrer um aumento no total de bens de R$ 130.000,00. A evolução patrimonial de R$ 30.000,00 apresentada na declaração B, no entanto, é perfeitamente plausível.

Apêndice II

O lucro real das pessoas jurídicas

A determinação do lucro líquido e do lucro real de uma pessoa jurídica não é tarefa fácil. É preciso analisar as variáveis e as particularidades de cada empresa sob a ótica de uma legislação bastante complexa[19]. Além disso, as empresas declarantes pelo Lucro Real estão sujeitas, em geral, à apuração do PIS e da Cofins pela sistemática da "não cumulatividade", o que acaba sendo um fator complicador adicional para a contabilidade.

O lucro líquido é o resultado geral de uma empresa em determinado período, incluindo lucro operacional, resultados não operacionais e resultados das participações em outras pessoas jurídicas. O lucro líquido é o valor constante na contabilidade e no balanço patrimonial. É o primeiro número que nos chama a atenção quando analisamos qualquer empresa. Por que, então, o Imposto de Renda não é calculado a partir dele?

A resposta está no fato de que, na determinação do lucro líquido, são considerados valores que não podem influenciar o imposto devido. Esses valores precisam ser expurgados, desconsiderados no momento da tributação.

Suponhamos que, em uma empresa, decidiu-se pagar uma viagem de férias para todos os diretores e seus familiares. As despesas dessa viagem afetarão os resultados contábeis, mas, para fins de Imposto de Renda, tais despesas não são dedutíveis, devendo ser adicionadas ao lucro líquido.

[19] Este apêndice é apenas uma introdução ao assunto. O leitor que busca informações mais detalhadas deve consultar obras que tratam especialmente dessa forma de tributação.

Por outro lado, pode ter sido considerado no lucro líquido um resultado positivo obtido pela participação em uma terceira empresa. Como o lucro já foi tributado nessa terceira empresa, não deverá ser novamente submetido à tributação, podendo, então, ser excluído do lucro líquido.

Assim, partindo do lucro líquido, devem ser feitos ajustes para a determinação do lucro real, valor sobre o qual efetivamente será calculado o Imposto de Renda. Esses ajustes são classificados como adições ou exclusões – conforme aumentem ou diminuam o lucro líquido – e compensações. As compensações referem-se a prejuízos anteriores da empresa, que podem ser compensados com o lucro líquido ajustado pelas adições e exclusões previstas na legislação, observado o limite máximo de 30%.

Exemplo de determinação do lucro real:

Lucro líquido	R$ 100.000,00
Adições	R$ 20.000,00
Exclusões	(R$ 30.000,00)
Lucro real antes da comparação de prejuízos	R$ 90.000,00
Compensação de prejuízos (limitada a 30%)	(R$ 27.000,00)
Lucro real	**R$ 63.000,00**

É sobre o lucro real que será calculado o Imposto de Renda. Existem casos em que determinada empresa apresenta um lucro líquido elevado; porém, considerados os ajustes, verifica-se que ela tem um lucro real pequeno ou, às vezes, até negativo (prejuízo fiscal). No caso de prejuízo fiscal, não existirá valor a pagar a título de Imposto de Renda. É por esse motivo que, muitas vezes, empresas com lucro contábil grande acabam não pagando impostos incidentes sobre o lucro.

O Imposto de Renda

O lucro real pode ser determinado trimestral ou anualmente. No caso de apuração trimestral, o Imposto de Renda será de 15% do valor do lucro real, com adicional de 10% sobre o que exceder a R$ 60.000,00.

Na apuração anual, o Imposto de Renda será igualmente de 15% do valor do lucro real, com adicional de 10% sobre a quantia que exceder a R$ 240.000,00. As empresas que optam pela apuração anual estão sujeitas a recolhimento mensal, com base em estimativa de lucro.

Esse recolhimento mensal terá como base de cálculo as receitas brutas do mês, multiplicadas por um percentual definido em função da natureza das receitas, acrescidas de ganhos de capital e demais receitas, excetuadas as de aplicações financeiras. O percentual aplicado sobre as receitas brutas para o cálculo do pagamento mensal é o mesmo utilizado para o cálculo do Lucro Presumido. No caso de empresas prestadoras de serviços na área médica, esse percentual é de 32% e, para a prestação de serviços hospitalares, 8%.

Existe, no entanto, a possibilidade de a empresa reduzir ou suspender os recolhimentos mensais por meio de balanços ou balancetes mensais que demonstrem que os valores já recolhidos excedem o imposto devido no período calculado com base no lucro real.

Suponhamos uma empresa optante pelo Lucro Real Anual que recolheu R$ 5.000,00 em janeiro, R$ 2.000,00 em fevereiro, R$ 2.000,00 em março e R$ 1.000,00 em abril, com base na receita bruta. No mês de maio, ela elabora um balancete de redução/suspensão, demonstrando que seu lucro real entre 1º de janeiro e 31 de maio foi de R$ 60.000,00. O imposto a pagar será de R$ 9.000,00

(15% de R$ 60.000,00). Como foram recolhidos R$ 10.000,00, não há necessidade de se fazer pagamento nesse mês.

A elaboração de balancetes de suspensão/redução é bastante comum para empresas optantes pelo Lucro Real Anual. Observe que eles podem ser feitos a partir do mês de janeiro. Assim, caso a pessoa jurídica apresente prejuízo fiscal nesse mês, ela não precisará pagar o imposto. Caso os prejuízos se repitam nos 12 balancetes mensais do exercício, a empresa estará desobrigada de efetuar qualquer recolhimento a título de Imposto de Renda.

A Contribuição Social sobre o lucro líquido no lucro real

A base de cálculo da Contribuição Social, de forma semelhante à do Imposto de Renda, é obtida por meio do lucro líquido contábil ajustado por adições, exclusões e compensações. Da mesma forma que na determinação do lucro real, a compensação das bases de cálculo negativas da Contribuição Social de exercícios anteriores está limitada a 30%. A alíquota da Contribuição Social é de 9%, devendo ser aplicada sobre a base de cálculo.

Também de forma idêntica à do Imposto de Renda, a Contribuição Social deve ser recolhida mensalmente por optantes do Lucro Real Anual, com base na receita bruta ou em balancetes de suspensão/redução. No caso de cálculo com base na receita bruta, o coeficiente aplicável para prestadoras de serviços é de 32%. A utilização de balancetes de suspensão/redução poderá resultar em valores a pagar menores que os obtidos com a utilização da receita bruta, podendo, no caso de bases de cálculo negativas da Contribuição Social, não existir valores a pagar.

A Cofins e o PIS não cumulativos

A sistemática da não cumulatividade aplica-se apenas às pessoas jurídicas tributadas com base no lucro real, não estando sujeitas a ela as empresas optantes pelo Lucro Presumido, pelo Lucro Arbitrado ou pelo Simples. Não estão sujeitas, também, a essa sistemática, as operadoras de planos de assistência à saúde e as receitas decorrentes de serviços prestados por hospital, pronto-socorro, clínica médica, odontológica, de fisioterapia e de fonoaudiologia, laboratórios de anatomia patológica, citológica ou de análises clínicas, bem como serviços de diálise, raios X, radiodiagnóstico e radioterapia, quimioterapia e de banco de sangue.

Essa regra vigora desde dezembro de 2002 para o PIS e desde fevereiro de 2004 para a Cofins. De acordo com essa forma de apuração das contribuições, as aquisições efetuadas no mês, bem como despesas, custos e encargos de depreciação e amortização mensais, geram créditos a serem descontados dos valores devidos. As alíquotas aplicáveis sobre as bases de cálculo, contudo, passam a ser de 1,65% para o PIS e de 7,6% para a Cofins.

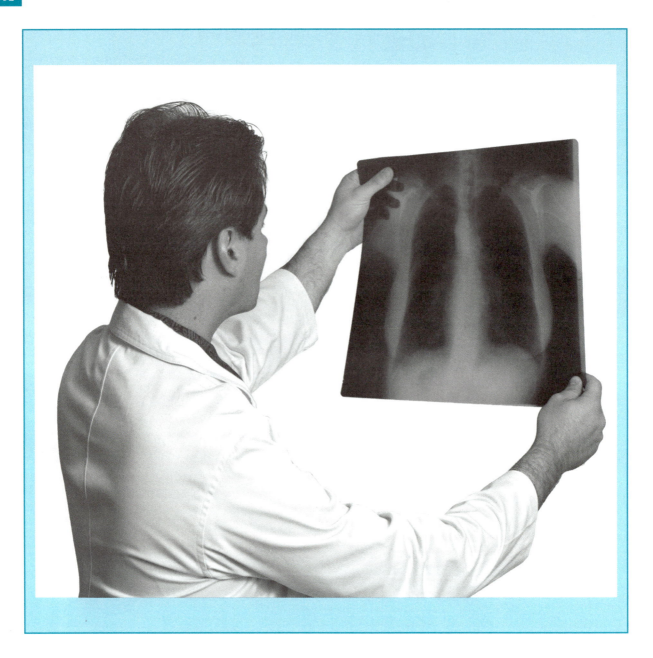

Apêndice III

A tributação do Imposto Sobre Serviços de Qualquer Natureza (ISS) sobre serviços prestados por médicos no Município de São Paulo

Por Celso Giannasi[20]

Desde o lançamento de sua primeira edição, em 2006, quando o amigo Fábio K. Ejchel teve a ideia de aproveitarmos as nossas experiências na área fiscal, para que, de forma bastante simples, clara e objetiva, pudéssemos explicar aos profissionais que atuam na área médica como ocorre a tributação desse setor, no âmbito Federal e Municipal, percebemos que o projeto seria exitoso e de muita utilidade, dados os grandes questionamentos existentes e a complexidade das normas tributárias vigentes em nosso país.

Na esfera municipal, procuraremos mostrar, em linhas gerais, a sistemática de tributação do Imposto Sobre Serviços de Qualquer Natureza (ISS), relativamente aos serviços prestados por profissionais médicos no Município de São Paulo.

A fim de uniformizar a linguagem, neste primeiro momento, cabe-nos relembrar alguns conceitos jurídicos para que possamos, mais à frente, discorrer mais facilmente sobre este tema, que tem sido motivo de muitos questionamentos, tanto pelos próprios prestadores de serviços, no caso, os médicos estabelecidos no Município de São Paulo, quanto pelos profissionais da área contábil.

O nascimento da obrigação tributária, relativa ao ISS, se dá com a prestação de um dos serviços constantes da lista taxativa, contida na Lei n. 13.701, de 24 de dezembro de 2003, que pode ser feita por profissional autônomo ou por empresa.

---

[20] Celso Giannasi é auditor-fiscal tributário do Município de São Paulo, mestre em Direito e diretor da Divisão de Fiscalização de Serviços da Secretaria de Finanças da Prefeitura do Município de São Paulo.

Profissional autônomo

Podemos caracterizar o *profissional autônomo* como a pessoa física que, habitualmente e sem subordinação jurídica ou dependência hierárquica, presta atividade remunerada. Seus elementos caracterizadores são:

- *pessoa física* – o profissional autônomo é sempre uma pessoa física, representada pelo indivíduo ou ser humano;

- *atividade remunerada* – a atividade é remunerada, ou seja, o serviço prestado é sempre oneroso;

- *habitualidade* – a atividade econômica é exercida com ato de profissão e, por isso, com certa continuidade ou habitualidade;

- *falta de subordinação ou dependência hierárquica* – a atividade econômica é exercida com inteira liberdade de ação, por parte do seu prestador, não existindo, por parte do interessado no serviço, o poder de comandar ou de dar ordens.

Dessa forma, preenchidos os requisitos acima, essenciais para caracterização do profissional autônomo, podemos enquadrar o profissional médico, objeto de estudo deste capítulo. O ISS alcança a atividade do médico no exercício de sua profissão liberal autônoma.

Empresa

Conceitua-se *empresa* quando uma ou várias pessoas criam uma unidade econômica organizada que, mediante utilização de homens e capital, com um ou vários estabelecimentos, organizados e vinculados entre si, objetiva uma finalidade lucrativa.

Temos, como elementos caracterizadores da empresa:

- *unidade econômica organizada* – a empresa é uma organização econômica para a produção e circulação de bens e serviços;

- *prática de atividade habitual* – a empresa, por suas características específicas (organização econômica com a finalidade de produção), presta serviços com continuidade, sendo a habitualidade um traço essencial e característico;

- *finalidade lucrativa* – a empresa tem finalidade lucrativa, exercendo sempre atividade remunerada, onde o elemento lucro está sempre presente.

Sociedade de Profissionais

O legislador criou a figura da *Sociedade de Profissionais*, que é aquela cujos profissionais (sócios, empregados ou não) são habilitados ao exercício da mesma atividade e prestam serviço de forma pessoal, em nome da sociedade, assumindo responsabilidade pessoal, nos termos da legislação específica.

Veremos, mais adiante, que houve a concessão de um benefício tributário para as sociedades constituídas desta forma, ficando, inclusive, dispensadas da emissão e escrituração de documentos fiscais.

A legislação municipal estabelece algumas condições para que uma sociedade formada por médicos possa ser caracterizada como uma Sociedade de Profissionais ou, como alguns preferem chamar, Sociedade Uniprofissional, ou SUP. Estão excluídas desse benefício as sociedades que:

- tenham como sócio pessoa jurídica;
- sejam sócias de outra sociedade;

- desenvolvam atividade diversa daquela a que estejam habilitados profissionalmente os sócios;

- tenham sócio que delas participe somente para aportar capital ou administrar;

- explorem mais de uma atividade de prestação de serviços;

- terceirizem ou repassem a terceiros os serviços relacionados à atividade da sociedade;

- caracterizem-se como empresárias ou cuja atividade constitua elemento de empresa;

- sejam filiais, sucursais, agências, escritório de representação ou contato, ou qualquer outro estabelecimento descentralizado ou relacionado a sociedade sediada no exterior.

Além dessas condições excludentes, a legislação municipal também impõe certos requisitos que devem ser observados para que fique caracterizada uma Sociedade de Profissionais, que são:

- a sociedade deve ser constituída sob a forma de Sociedade Simples;

- todos os sócios (médicos) devem estar filiados ao mesmo órgão regulador e fiscalizador do exercício profissional;

- todos os sócios devem ser profissionais habilitados à prestação dos serviços que constituem o objeto social;

- a prestação dos serviços deverá caracterizar-se pelo trabalho pessoal dos sócios;

- a atividade da sociedade não poderá caracterizar-se como empresarial.

A prestação dos serviços, portanto, não se caracterizará pelo trabalho pessoal dos sócios, quando a execução do objeto social for realizada com repasse a terceiros dos trabalhos que constituam o próprio objeto da sociedade.

Podemos simular a seguinte situação: uma sociedade simples formada por dois médicos para atuar de forma profissional na atividade específica médica. No início, os pacientes utilizavam os conhecimentos técnicos dos referidos sócios.

Com o passar do tempo, em decorrência do sucesso dos médicos (sócios), o número de pacientes foi aumentando de tal forma que os sócios, para atender toda a demanda, tiveram que contratar outros médicos auxiliares.

Em função dessa nova realidade, os pacientes não eram mais atendidos pelos médicos que iniciaram a sociedade; alguns pacientes nem mesmo os conheciam. Os serviços médicos não estavam mais sendo prestados pelos sócios, mas pela equipe de profissionais auxiliares. Assim, os sócios tornaram-se administradores de uma grande sociedade de prestação de serviços médicos. Neste caso, a sociedade, no início uma sociedade simples, tornou-se uma sociedade empresária do ramo de prestação de serviços médicos.

Notamos, então, que está descaracterizada, neste caso, a pessoalidade do sócio na execução do objeto social da sociedade, fato que impossibilita a continuação da empresa no enquadramento como Sociedade de Profissionais.

Tributo fixo e alíquota fixa

Este é um tema que tem causado muita discussão entre os doutrinadores. Embora exista uma corrente doutrinária que afirma existir a previsão legal de tributação fixa, no caso do chamado trabalho pessoal do próprio contribuinte ou, ainda, na tributação das Sociedades de Profissionais, convém fazer a distinção entre tributo fixo e alíquota fixa.

Tributo fixo é aquele expresso por meio de uma importância invariável, constante da própria lei, que não tem nem base de cálculo nem alíquota. Por exemplo, até pouco tempo atrás os engenheiros pagavam a título de ISS a quantia anual, fixada em lei, de R$ 600,00. Como se percebe, neste caso, o legislador atribuía um valor fixo e determinado de imposto a ser pago por determinada categoria profissional.

Diferentemente, *alíquota fixa* é o fator invariável que se aplica sobre a base de cálculo. Neste caso, o legislador atribui, por exemplo, uma receita bruta mensal de R$ 2.000,00 a certa categoria profissional e sobre esta base de cálculo aplica-se uma alíquota de 5%, por exemplo.

De fato, a legislação municipal de São Paulo vigente não prevê tributação fixa por dois motivos:

a) Remete à estipulação de uma alíquota
   (2% nos serviços de saúde – art. 16 da Lei n. 13.701/2003)

b) Indica as bases de cálculo possíveis
   (R$ 1.369,06 nos serviços de medicina – art.15, II, da Lei n. 13.701/2003)[21]

Tributação

A prestação de serviços médicos é tributada, no Município de São Paulo, a título de ISS, de acordo com a opção de enquadramento que o profissional médico escolheu no ato de sua inscrição junto ao Cadastro de Contribuintes Mobiliários. As três possibilidades de enquadramento são: Profissional Autônomo, Sociedade de Profissionais e Sociedade Empresarial.

Com a aprovação da Lei Complementar n. 147, de 7 de agosto de 2014, que permitiu o ingresso da prestação dos serviços médicos no Simples Nacional, uma nova situação se apresenta aos profissionais que atuam nesse segmento, conforme veremos adiante.

[21] Corrigido pelo Índice de Preços ao Consumidor Amplo (IPCA). Valor referente a 2014.

Profissional Autônomo

Profissional liberal ou autônomo é aquele que, possuindo determinadas habilidades manuais, técnicas ou intelectuais, presta serviços de forma pessoal e por conta própria, sem vínculo empregatício ou subordinação hierárquica. O serviço pode ser prestado, habitual ou eventualmente, no estabelecimento ou domicílio do prestador ou no estabelecimento ou domicílio do tomador do serviço.

São características básicas nesse tipo de prestação de serviços: a) pessoalidade; b) inexistência de subordinação hierárquica.

O termo "profissional autônomo" é utilizado de forma ampla, e busca designar quem trabalha por conta própria e sem vínculo empregatício. O termo "profissional liberal" está normalmente associado a uma profissão regulamentada por uma Ordem ou Conselho Profissional, o que lhe confere exclusividade e responsabilidade legal no exercício da atividade. O profissional liberal geralmente possui nível universitário ou técnico, podendo empregar outra pessoa apenas para exercer atividade de apoio à sua atividade. Entram na lista dos profissionais liberais os médicos, dentistas, advogados, jornalistas, dentre outras categorias profissionais.

No Município de São Paulo, a partir de 1º janeiro de 2009, de acordo com a Lei n. 14.864/2008, os profissionais liberais e autônomos estão isentos do pagamento do Imposto Sobre Serviços. Logo, os profissionais médicos que estiverem nesta condição não pagam o ISS. Vale destacar que esta disposição legal não se aplica às cooperativas de médicos nem tampouco às sociedades de profissionais de médicos.

Aqui, vale sempre lembrar que a isenção abrange somente o ISS, estando os autônomos sujeitos à Taxa de Fiscalização de Estabelecimentos (TFE) e à Taxa de Fiscalização de Anúncios (TFA), quando ocorrer o fato gerador dessas taxas.

Os profissionais da área de saúde estão sujeitos, também, no Município de São Paulo à Taxa de Resíduos Sólidos de Serviços de Saúde (TRSS). Esta taxa foi instituída com o objetivo de custear os serviços divisíveis de coleta, transporte, tratamento e destinação final de resíduos sólidos de serviços de saúde, de fruição obrigatória, prestados em regime público.

O fato gerador da TRSS é a utilização potencial do serviço público de coleta, transporte, tratamento e destinação final de resíduos sólidos de serviços de saúde. Ou seja, mesmo que não haja a utilização efetiva desse serviço público, a existência por si só do estabelecimento de saúde é o suficiente para a cobrança. O contribuinte da TRSS é o gerador de resíduos sólidos de saúde, entendido como o proprietário, possuidor ou titular de estabelecimento gerador de resíduos sólidos de serviços de saúde no Município de São Paulo.

Cada estabelecimento gerador de resíduos sólidos de serviços de saúde (EGRS) receberá uma classificação específica, conforme o porte do estabelecimento gerador e a quantidade de geração potencial de resíduos sólidos, distinguindo-os em pequenos ou grandes geradores de resíduos sólidos de serviços de saúde.

O valor da TRSS varia conforme a quantidade de geração potencial de resíduos, sendo R$ 82,16 por mês para geração de até 50 quilogramas por dia, e R$ 42.212,98, por mês, para a geração maior que 650 quilogramas por dia.

Sociedade de Profissionais

Para as Sociedades de Profissionais, constituídas por médicos, o legislador fixou, para o exercício de 2014, a base de cálculo mensal por profissional, em R$ 1.369,06. A base de cálculo mensal deverá ainda ser multiplicada pelo número de sócios habilitados para que se obtenha o valor total da receita bruta mensal considerada.

Conforme a legislação municipal, esse contribuinte deverá fazer sua inscrição na Secretaria de Finanças da Prefeitura de São Paulo, efetuando o enquadramento no código de serviço 4111, item 4.01, da lista de serviços da Lei nº 13.701/2003, que estabelece alíquota de 2% (dois por cento).

As sociedades de profissionais devem *recolher* o imposto *trimestralmente*, conforme legislação vigente, com vencimento no dia 10 do mês subsequente a cada trimestre, de acordo com a tabela a seguir:

Trimestre	Vencimento
janeiro, fevereiro, março	10 de abril
abril, maio, junho	10 de julho
julho, agosto, setembro	10 de outubro
outubro, novembro, dezembro	10 de janeiro

Para o fim de preenchimento do documento de arrecadação, considera-se mês de incidência o último de cada trimestre. Convém esclarecer que o imposto será devido integralmente, mesmo quando a prestação de serviços não seja exercida no período considerado ou exercida apenas em parte.

Podemos simular uma Sociedade de Profissionais com três sócios médicos, que façam a opção por este tipo de tributação, por meio da seguinte fórmula:

Base de cálculo =	Nº de sócios habilitados × R$ 1.369,06 (valor fixado para o exercício de 2014)
Base de cálculo =	R$ 4.107,18
ISS (Sociedade de Profissionais) =	Base de cálculo × alíquota
ISS (Sociedade de Profissionais) =	R$ 4.107,18 × 2%
ISS (Sociedade de Profissionais) =	R$ 82,14

A incidência do imposto é mensal; apenas o recolhimento é trimestral. Assim, esse contribuinte (a Sociedade de Profissionais) deve recolher a cada trimestre a quantia de R$ 246,42, relativa aos três sócios.

As Sociedades de Profissionais também estão desobrigadas da emissão e escrituração de documentos fiscais. Todavia, estão apenas desobrigadas, e não proibidas. Logo, se optarem pela emissão da nota fiscal eletrônica poderão solicitar autorização para este fim.

Queremos ressaltar que a Sociedade de Profissionais que optar pela emissão de notas fiscais estará sujeita ao ISS nos moldes aqui descritos, independentemente do valor das notas.

As Sociedades de Profissionais estão sujeitas também às seguintes taxas: TFE, TFA, quando ocorrer o fato gerador dessas taxas, e ainda à TRSS.

Sociedade Empresarial

Diferentemente do que ocorre nas Sociedades de Profissionais, a exploração empresarial do objeto social caracterizará a sociedade como empresária. Para esse tipo de sociedade, o legislador não coloca nenhum obstáculo quanto à formação do quadro societário. Logo, profissionais de áreas distintas podem formar uma sociedade e empresariar o negócio. Aqui, não se coloca em discussão a pessoalidade dos sócios na execução do objeto social.

Desta forma, uma sociedade, que tenha como objeto social a prestação de serviços médicos, sem que esses serviços sejam prestados com a pessoalidade dos sócios, deverá fazer sua inscrição na Secretaria de Finanças da Prefeitura de São Paulo, efetuando o enquadramento no código de serviço 4030, item 4.01, da lista de serviços da Lei nº 13.701/2003, que tem alíquota de 2% (dois por cento).

Para esse tipo de contribuinte a base de cálculo do ISS é o preço do serviço, como tal considerada a receita bruta a ele correspondente, sem nenhuma dedução, excetuados os descontos ou abatimentos concedidos independentemente de qualquer condição. O período de incidência é mensal e o recolhimento se dará até o dia 10 de cada mês correspondente aos serviços prestados, tomados ou intermediados de terceiros, relativos ao mês anterior.

A sociedade, enquadrada nestas condições, fica obrigada à emissão de nota fiscal eletrônica. Do mesmo modo, incide sobre essa sociedade a TFE, TFA e TRSS.

Preenchendo os requisitos para ingresso no Simples Nacional e fazendo essa opção, a sociedade de serviços médicos se submeterá à alíquota referente ao ISS, de acordo com a faixa de enquadramento da receita bruta anual, variando de 2% a 5%.

Simples Nacional

O Simples Nacional é um regime compartilhado de arrecadação, cobrança e fiscalização de tributos aplicável às Microempresas e Empresas de Pequeno Porte, previsto na Lei Complementar n. 123, de 14 de dezembro de 2006.

Abrange a participação de todos os entes federados (União, Estados, Distrito Federal e municípios). É um sistema facultativo e abrange os seguintes tributos: IRPJ, CSLL, PIS/Pasep, Cofins, IPI, ICMS, ISS e a Contribuição para a Seguridade Social destinada à Previdência Social a cargo da pessoa jurídica (CPP).

A Lei Complementar n. 123/2006 não previa o ingresso, nesse regime compartilhado, da prestação de serviços médicos. Além da limitação da receita bruta, havia também a limitação em relação a muitas atividades de prestação de serviços.

Após a aprovação da Lei Complementar n. 147, de 7 de agosto de 2014, que alterou a Lei Complementar n. 123/2006, a limitação quanto à atividade de prestação de serviços médicos não mais existirá a partir de 1º de janeiro de 2015. Somente não poderão optar pelo ingresso no Simples Nacional as empresas que obtiverem Receita Bruta Anual superior a R$ 3.600.000,00.

Nesse regime de recolhimento de tributos, as alíquotas, tanto dos tributos federais quanto do municipal, se darão de acordo com a faixa de receita bruta em que se encontrar o contribuinte. No caso específico do ISS, as alíquotas variam de 2% a 5%.

Preenchendo os requisitos para o ingresso no Simples Nacional, a sociedade, no que se refere ao ISS, ao fazê-lo, se submeterá ao regramento estabelecido na Lei Complementar n. 147/2014. Não existe a possibilidade de recolhimento dos tributos federais por meio do Simples Nacional e, ao mesmo tempo, a permanência, no âmbito municipal, na condição de sociedade uniprofissional.

As sociedades de prestação de serviços médicos poderão, de agora em diante optar por:

a) Preenchendo os requisitos da legislação municipal, permanecer na condição de sociedade uniprofissional, recolhendo os tributos federais fora do regime de recolhimento do Simples Nacional.

b) Preenchendo os requisitos da Lei Complementar n. 147/2014, ingressar no Simples Nacional, recolhendo todos os tributos na forma e condições estabelecidas na legislação, não podendo permanecer enquadrada no âmbito municipal como sociedade uniprofissional.

A decisão de permanecer em um regime ou ingressar em outra forma de recolhimento de tributos necessariamente se dará após uma análise, por profissional da área contábil, da totalidade dos tributos incidentes sobre as atividades da sociedade.

Por fim, ainda que enquadrada no Simples Nacional, há a incidência da TFE e da TFA, quando ocorrer o fato gerador dessas taxas, e ainda da TRSS.

Apêndice IV

Perguntas e respostas

Na página da Receita Federal na internet (www.receita.fazenda.gov.br) existe acesso a um conjunto de "Perguntas e Respostas" com centenas de orientações relativas a pessoas físicas e pessoas jurídicas, nas quais são abordados os mais diversos itens referentes aos tributos federais. É uma valiosa fonte de informações, acessível a todos.

Tentamos, assim, abordar, apenas algumas das dúvidas mais frequentes dos profissionais da área da saúde em relação aos aspectos práticos da rotina fiscal.

Pessoa física

1) O que é declaração em conjunto?

   Declaração em conjunto é aquela na qual são informados todos os rendimentos, bens, dependentes e despesas dos cônjuges ou companheiros em uma única declaração.

2) Existe vantagem em apresentar declaração em conjunto?

   Depende dos rendimentos tributáveis, dos dependentes e das despesas de cada um dos declarantes. Se um dos cônjuges não tiver rendimentos tributáveis, a apresentação da declaração em conjunto poderá ser vantajosa inclusive pela facilidade de preencher e entregar apenas uma declaração. A regra geral, contudo, é que a declaração em separado tende a resultar em menor tributação para o casal, já que os limites de isenção são aproveitados por cada um separadamente.

3) Minha esposa pode ser considerada dependente, mesmo se apresentar declaração individual?

Apesar de poder ser considerada dependente pela legislação do Imposto de Renda, não deve ser incluída como tal na sua declaração se ela tiver apresentado declaração individual.

4) Posso incluir minha sogra como dependente em minha declaração?

Apenas se a declaração for em conjunto com seu cônjuge e se a sogra não tiver rendimentos superiores a R$ 22.418,64.

5) O filho do primeiro casamento de minha esposa pode constar como meu dependente?

Apenas se a declaração for em conjunto e se o filho ficou sob a guarda dela após a separação.

6) Posso deduzir como despesa médica o valor integral pago a meu plano de saúde, que inclui minha esposa e meus filhos, no caso de eles apresentarem declarações individuais?

Sim, desde que eles não utilizem a mesma dedução nas declarações deles.

7) Gastos com medicamentos são dedutíveis?

Não.

8) Posso abater as despesas com instrução de meu sobrinho, pagas por mim?

Apenas no caso de ele se enquadrar como menor pobre e de você ter a guarda judicial dele.

9) Posso abater as despesas efetuadas com cursos de idiomas, dança e esportes?

Não.

10) Meu carro vale R$ 15.000,00 no mercado, mas em minha declaração consta com o valor de R$ 30.000,00, exatamente o que paguei por ele há três anos. Devo atualizar o valor?

Não. Na relação de bens e direitos, deve constar o valor de aquisição do bem, independentemente de seu valor atual. O valor de aquisição não deve ser alterado. O mesmo vale para outros bens, como imóveis, ações etc.

11) Posso considerar integrante do custo de aquisição o valor com reformas que fiz no imóvel?

Sim. Podem integrar o custo de aquisição, entre outros, os gastos com construção, ampliação e reforma (desde que aprovados pelos órgãos municipais competentes), bem como os das pequenas obras, como pinturas, reparos em azulejos, encanamentos, pisos e paredes e as despesas de corretagem pagas quando da aquisição do imóvel.

12) Vendi um apartamento que constava em minha declaração com o valor de R$ 50.000,00 por R$ 70.000,00. Qual o tratamento tributário que deve ser dado a essa venda?

Você teve um ganho de capital de R$ 20.000,00. Pagará

radiação, síndrome da imunodeficiência adquirida (Aids), mesmo que a doença tenha sido contraída depois da aposentadoria ou da reforma. A doença deve ser comprovada mediante laudo pericial emitido por serviço médico oficial da União, dos Estados, do Distrito Federal ou dos municípios. Demais rendimentos recebidos por portadores dessas moléstias (aluguéis, trabalho assalariado etc.) estão sujeitos a tributação.

17) Como são tributados rendimentos de aluguéis?

Os rendimentos de aluguéis são considerados rendimentos tributáveis e deverão compor a base de cálculo do Imposto de Renda. A tributação é semelhante à do rendimento do trabalho: se os aluguéis forem recebidos de pessoa jurídica, esta deverá proceder à retenção na fonte. Se recebidos de pessoa física, estarão sujeitos ao recolhimento do carnê-leão. O total dos rendimentos deverá ser informado na Declaração de Ajuste Anual.

18) Posso descontar do aluguel recebido a comissão paga ao administrador do imóvel?

Sim. Do valor recebido, podem ser subtraídos encargos assumidos exclusivamente pelo locador, como: impostos, taxas, despesas de condomínio e despesas pagas para cobrança ou recebimento do rendimento.

19) São dedutíveis as doações que fiz para minha igreja durante o ano?

Não. Não existe previsão legal para essa dedução.

20) Preciso contratar algum profissional especializado para fazer minha Declaração de Ajuste Anual?

Não. A declaração é entregue em seu nome e você é o responsável pelas informações lá constantes. Além disso, nos últimos anos, os modelos das declarações não têm sofrido modificações significativas, simplificando o preenchimento e a entrega.

21) Abri uma empresa de clínica médica que constitui minha única fonte de renda. No ano passado, tive pró-labore mensal de R$ 1.000,00 e retirada de lucros anual de R$ 120.000,00. Qual o modelo de declaração que devo utilizar?

Os valores retirados a título de pró-labore são considerados rendimentos tributáveis. Os lucros distribuídos já tributados na pessoa jurídica são, para os sócios, rendimentos isentos ou não tributáveis. No seu caso, e considerando que não existem outros rendimentos tributáveis, não existirá imposto a pagar (já que o valor do pró-labore recebido no ano é menor que o limite de isenção da tabela anual, que é de R$ 22.418,64) e também não existirá imposto a restituir, já que não houve retenção na fonte (o recebimento mensal é inferior ao limite de isenção da tabela mensal, que é de R$ 1.868,22). Assim, a utilização do modelo simplificado ou do completo resultará no mesmo resultado (saldo zero de Imposto de Renda). Recomendamos, então, apenas pela maior facilidade de preenchimento, a entrega da declaração no modelo simplificado.

22) Abri uma empresa de clínica médica e ela, juntamente com os aluguéis de dois imóveis que possuo, constituem minha fonte de renda. No ano passado, tive pró-labore mensal de R$ 1.000,00, retirada do lucro anual de R$ 120.000,00 e recebi R$ 4.000,00 por mês dos aluguéis, recebidos de pessoas jurídicas. Qual modelo de declaração que devo utilizar?

Os valores recebidos a título de pró-labore e de distribuição de lucros já foram analisados na pergunta anterior. Os aluguéis serão considerados rendimentos tributáveis, da mesma forma que os rendimentos de pró-labore e, como foram recebidos de pessoa jurídica, já sofreram retenções de Imposto de Renda na fonte. A sugestão é que se utilize o modelo completo, no qual são consideradas as deduções com dependentes, instrução, despesas médicas etc. Salientamos que, se a utilização do modelo simplificado for mais vantajosa, o próprio programa de preenchimento de declaração da Receita Federal alertará o contribuinte para esse fato.

23) Abri uma empresa de clínica médica e ela, juntamente com os aluguéis de dois imóveis que possuo, constituem minha fonte de renda. No ano passado, tive pró-labore mensal de R$ 1.000,00, retirada do lucro anual de R$ 120.000,00 e recebi R$ 4.000,00 por mês dos aluguéis, recebidos de pessoas físicas. Qual o modelo de declaração que devo utilizar?

A resposta a esta questão é exatamente a mesma da anterior. A única diferença é que, nesse caso, o próprio contribuinte deve ter efetuado o recolhimento do imposto mensal devido por meio do carnê-leão, já que os aluguéis foram recebidos de pessoas físicas.

24) No momento do preenchimento de minha Declaração de Ajuste Anual, verifiquei que esqueci de efetuar recolhimentos mensais por meio do carnê-leão. Como devo proceder?

Os valores devidos que deixaram de ser recolhidos devem ser pagos com acréscimo de multa (0,33% ao dia, limitada a 20%) e juros de mora (taxa Selic). A declaração de ajuste deverá ser preenchida normalmente, considerando pagos os valores do carnê-leão.

25) Sou médico e atendo a pacientes de convênios diversos. Vários desses convênios efetuam retenções na fonte. Ocorre que, no momento do cálculo das retenções, não foram consideradas deduções relativas a dependentes e contribuições previdenciárias. Vou pagar mais imposto por esse motivo?

Não. Realmente as retenções efetuadas teriam sido menores se fossem consideradas as deduções com dependentes e contribuições previdenciárias. Ocorre que, na Declaração de Ajuste Anual, na qual as deduções serão corretamente informadas, existirá um saldo de imposto a pagar menor (ou um saldo de imposto a restituir maior), que compensa as diferenças dos valores retidos.

26) Qual plano de previdência privada: o PGBL ou VGBL?

O Plano Gerador de Benefício Livre (PGBL) é um plano de previdência privada no qual os resgates são tributados, mas que permite uma dedução de até 12% do total dos rendimentos considerados na base de cálculo do Imposto de Renda devido no momento da aplicação. No plano Vida Gerador de Benefício Livre(VGBL), os resgates não são tributados, mas o investimento não é dedutível.

única do Imposto de Renda, com utilização do código específico. A opção manifestada é considerada definitiva para todo o ano-calendário.

4) Tendo permanecido no Lucro Real, qual o período de apuração mais conveniente: o trimestral ou o anual?

Depende das características e particularidades de cada empresa. Uma desvantagem da apuração trimestral é que a eventual compensação de prejuízos pode ficar prejudicada, pois existe uma limitação legal de 30% nesse procedimento. Assim, se uma empresa apresentar prejuízo de R$ 100.000,00 no primeiro trimestre e lucro de R$ 150.000,00 no segundo, poderá efetuar compensação de apenas R$ 45.000,00 (R$ 150.000,00 × 30%) no segundo trimestre. Tal limitação não existe na apuração anual, que considera os resultados acumulados do ano inteiro.

5) Fui orientado a guardar todas as notas fiscais e recibos que puder. Pego, assim, notas relativas a despesas com combustível dos carros dos meus filhos, notas de restaurantes e de supermercados. Entregando esses documentos ao contador, pagarei efetivamente menos imposto?

Essa orientação não está correta. Na pessoa física, as despesas necessárias ao desenvolvimento da atividade profissional podem ser lançadas no livro-caixa, mas não podem ser consideradas essas despesas que você citou.

Se o autor da pergunta possui empresa no Lucro Presumido, as despesas não irão influenciar os valores dos tributos devidos, já que eles são calculados apenas em função do faturamento. No caso de empresas no Lucro Real, as despesas supramencionadas não são dedutíveis também, por não se enquadrarem como necessárias à manutenção da fonte pagadora.

6) Efetuei a venda de um imóvel que estava em nome da pessoa jurídica. Como deve ser contabilizada essa operação? Qual a tributação que incide sobre ela?

A receita obtida com a venda de bens do ativo permanente, descontada do valor contábil dos bens alienados, é uma receita não operacional e estará inclusa no cálculo do lucro líquido e, consequentemente no do lucro real, estando sujeita ao IRPJ e à contribuição social. No caso do Lucro Presumido, o lucro obtido com a venda deve igualmente ser considerado na base de cálculo do IRPJ e da contribuição social, e informado na linha relativa a "Demais Receitas e Ganhos de Capital". Tal receita não integra a base de cálculo do PIS nem da Cofins, considerando ou não a sistemática da não cumulatividade.

7) Qual o tratamento que deve ser dado aos valores glosados pelas auditorias dos convênios e planos de saúde?

Esses valores podem ser considerados como vendas canceladas, podendo ser deduzidos das bases de cálculo dos tributos e contribuições federais no mês em que ocorrerem as glosas, ainda que as respectivas notas fiscais tenham sido emitidas em períodos anteriores.

8) Como é feita a distribuição de lucros aos sócios de empresas optantes pelo Simples Nacional?

A retirada de lucros pelos sócios de empresas optantes pelo Simples Nacional pode ser feita com isenção do Imposto de Renda e sem a incidência de contribuição previdenciária. Essa isenção é relativa ao valor efetivamente distribuído, limitado a 32% (no caso de empresas de serviços) da receita bruta mensal e subtraído do valor devido ao Simples Nacional relativo ao IRPJ. Essa limitação, contudo, não se aplica às empresas que mantiverem escrituração contábil completa e evidenciarem lucro superior a esse limite.

9) Onde posso consultar a legislação que trata de impostos, taxas e contribuições incidentes sobre as pessoas jurídicas?

Na página da Secretaria da Receita Federal do Brasil (http://www.receita.fazenda.gov.br) é possível obter acesso à legislação completa e atualizada dos tributos administrados por aquele órgão (Imposto de Renda, Contribuição Social, PIS e Cofins, entre outros), relativos tanto às pessoas jurídicas quanto às pessoas físicas. Na página da Previdência Social (http://www. mpas.gov.br), podem ser acessadas informações detalhadas sobre as contribuições previdenciárias. Nos sites das prefeituras municipais podem ser acessadas informações sobre os respectivos impostos e taxas.